LE VILAIN PETIT QATAR

Des mêmes auteurs

Œuvres de Nicolas Beau

Paris, capitale arabe, Le Seuil, 1995.
La Maison Pasqua, Plon, 2001.
La Régente de Carthage, en collaboration avec Catherine Graciet, La Découverte, 2008.

Œuvres de Jacques-Marie Bourget

Gérard Devouassoux, le souffle de la montagne, Solar, 1975.
Des affaires très spéciales, Plon, 1986.
Yann Piat, l'histoire secrète d'un assassinat, Plon, 1998.
Survivre à Gaza, Koutoubia, 2009.
Sabra et Chatila, au cœur du massacre, Erick Bonnier, 2012.

Nicolas Beau
Jacques-Marie Bourget

Le Vilain Petit Qatar

Cet ami qui nous veut du mal

Fayard

Ouvrage publié sous la direction d'Olivier Pastré

Couverture : un chat au plafond ;
drapeau qatari © Maksym
Yemelyanov/Fotolia.com ;
tour Eiffel © Stanslavov/Fotolia.com

ISBN : 978-2-213-67128-4

© Librairie Arthème Fayard, 2013

À Warda

« Le Qatar ? Avant d'y aller, je réfléchirais. »

Jean-Marc Ayrault

LE QATAR : UN AMI
QUI NOUS VEUT DU MAL

La raison d'être de cet ouvrage est de révéler un scandale d'État, et qui dure. Comment une nation, la France, qui compte encore parmi les grandes puissances, en est-elle arrivée à trembler quand le Qatar fronce les sourcils ? Une presqu'île si petite qu'une pointe de crayon posée sur une carte suffit à la masquer. Ce livre dévoile les desseins cachés de l'émirat. La mécanique secrète qui a conduit un État nain à étendre son pouvoir par l'arme de son argent et la crainte qu'il fait naître.

Pour la première fois des Temps modernes, un pays de 150 000 habitants se donne l'ambition d'acheter l'univers. Ici, ce ne sont pas l'impérialisme d'un géant ou la puissance d'un État à haute technologie qui sont en cause, et pas davantage la subtile intelligence de dirigeants capables de méduser ou de séduire. L'instrument de conquête du Qatar ne pèse que le poids de son argent : 210 milliards d'investissements à travers la planète.

Le Vilain Petit Qatar lève le voile sur une imposture se développant sur fond d'un islam wahhabite conquérant, celui qui se livre à l'interprétation la plus radicale et la plus mortifère du Coran.

Comment ce pays minuscule rêve de s'imposer comme la nouvelle Athènes alors qu'il n'est qu'une enseigne islamo-commerciale.

Comment un émir, sa femme et son cousin peuvent, comme dans un jeu vidéo, déclencher ou soutenir à leur guise des guerres civiles dans le monde arabe. Abusant de la volonté de ces peuples assoiffés de liberté pour s'engouffrer dans la brèche, et couler la nouvelle chape de plomb du pouvoir religieux.

Comment Al-Jazira n'est plus désormais une chaîne de télévision avant tout soucieuse des faits, mais une arme de destruction massive des pays ciblés par l'émir.

Comment ce régime ultra-autoritaire, sans lois, qui ne tolère rien de la libre parole peut, sous les applaudissements d'élus français de tous bords, se poser en professeur des droits de l'homme.

Comment, sans jamais perdre l'appétit, le clan au pouvoir à Doha sait aussi bien séduire des politiciens, traités comme des princes, qu'acheter les immeubles des beaux quartiers ou les champs des cultivateurs les plus pauvres du monde, qui deviennent alors des « paysans sans terre ».

Comment, par la force de l'« intox », le Qatar se pose en sauveur de l'industrie tricolore et de son Cac 40, alors qu'il investit moins que ses voisins saoudiens et émiratis et que ses représentants somnolent dans les conseils d'administration.

Comment Doha et son roi tentent de transformer les musulmans de France en fidèles du wahhabisme renonçant à la compréhension sociale et à la tolérance. Comment l'islam, grande religion et pilier du monothéisme, est abandonné par les gouvernements de la France entre les mains de la secte qatarie. Dans cette stratégie, le football n'est qu'un leurre, un miroir pour attirer les alouettes perdues des ghettos de banlieues afin de mieux les convertir.

Comment, dans le dessein à peine dissimulé de redessiner le Moyen-Orient, ce pays lilliputien fonde son arrogance sur le soutien aveugle des États-Unis.

Comment le Qatar, tout en se proclamant l'ami de l'Occident, soutient cyniquement le messianisme jihadiste de groupuscules semblables à ceux que la France combat au Nord-Mali.

Après Serval, l'opération militaire française au Sahel, après le sang versé, après la mémoire de l'homme détruite à Tombouctou, n'est-il pas temps de nous interroger ? Dans quel intérêt Paris continue-t-il d'entretenir des liens si intimes avec le Qatar, cet ami qui nous veut du mal ?

PREMIÈRE PARTIE

Ce pays qui n'en est pas un

CHAPITRE PREMIER

Pêcheurs de perles

Comment s'intéresser au Qatar sans saluer ces hommes aux poumons de grenouilles, capables de donner leur vie pour cueillir le contenu opalescent des huîtres au trésor ? Les pêcheurs de perles. En 1940, après des siècles où la subsistance – gouttes de nacre, poissons et perles – venait toujours de la mer, le pavillon noir de la faillite flotte sur le Qatar. Le prédateur qui sème la ruine est japonais. C'est lui qui a eu l'idée de cultiver le ventre de l'huître. Les indigènes de Doha peuvent toujours s'époumoner, ils se noient désormais face au yen, incapables de fournir à meilleur marché ce butin des profondeurs.

Au début de la Seconde Guerre mondiale, la population du Qatar, un petit carré de désert entouré d'eau, tourne autour de 15 000 habitants. Le colon anglais qui occupe alors cette langue de sable se plaint sans retenue de la médiocrité des chemins, de l'invasion des moustiques et des mouches, de l'absence d'électricité et de bon whisky. Pour l'homme au stick, ce pays n'est pas un pays[1]. Quant à l'eau, il faut que les hommes équipés de bidons ou d'outres aillent la puiser à quelques sources, quasi miraculeuses, et la chargent dans des charrettes. Le Qatar d'aujourd'hui est né de ce petit cadavre ressuscité. L'or noir du pétrole, puis l'or en bars du gaz, sont les nouveaux trésors d'un royaume qui remercie Allah pour sa divine croissance, forte de 13 points de PIB par an.

Pendant longtemps, pas le moindre universitaire occidental n'a écrit une ligne sur ce pays. Historiographe de lui-même, l'émir Hamad bin Khalifa Al-Thani, le monarque actuel, a apporté sa pierre à l'édifice en déclarant à ses intimes : « Je suis le nouveau Qarmat »... Prétendrait-il ainsi remonter en direct aux origines de l'islam ? Ayant vécu trois siècles après l'envol de Mahomet, Hamadan Qarmat Ibn al-Ach'ath, fondateur de la secte qui porte son nom, est le leader d'un courant de l'ismaélisme. Autrement dit, il est à l'origine d'un schisme qui va pousser ses disciples à mettre La Mecque à sac, en 930, et à se tourner vers le feu pour prier... Que le roi du Qatar revendique une parenté philosophique avec ces fanatiques messianistes est une forme d'aveu, l'expression d'un rêve d'en revenir aux sources.

Des langues de vipères – qui pullulent dans le désert et viennent souvent de chez la sœur enne-

---

[1]. Un excellent livre d'Allen J. Fromherz, *Qatar, a Modern History*, retrace brillamment l'histoire du Qatar (Éditions I.B. Mauris, 2012).

mie, l'Arabie voisine – affirment que les Qataris « sont les descendants de pillards spécialisés dans l'attaque des pèlerins de La Mecque ». Lassés de leurs rezzous, les princes, gardiens des lieux saints, auraient expulsé ces bandits vers une langue de terre aride : le Qatar.

Rien n'est simple dans l'histoire de ce petit pays. En 1950, des archéologues danois affirment avoir découvert des pierres taillées par l'homme datant de 50 000 ans avant Jésus-Christ. Las, des chercheurs français viennent affirmer que ces cailloux n'ont que 6 000 ans. Les Danois reviennent à la charge, un autre gisement aurait 700 000 ans... le Qatar serait donc « le plus vieux centre de peuplement connu dans l'histoire du monde ». Pourquoi pas.

Sur l'islamisation de la presqu'île les spécialistes ne sont guère plus précis. Au Qatar, la tradition affirme que c'est Al Ala'a Al-Hadrami, un envoyé du Prophète, qui a apporté ici la substance du Coran. Convertissant quelques centaines de Bédouins pêcheurs qui étaient jusque-là zoroastriens, adorant Dieu et le diable, ou nestoriens, donc chrétiens, ou plus tranquillement « païens ».

Les Qataris laissent peu de traces dans l'histoire. Les pages du livre ne se remplissent qu'au début du XIXe siècle, lorsque les vaisseaux britanniques viennent bombarder Bidaa (future Doha). Des bombes à double cible : il s'agit de calmer les pirates de la région tout en assurant la libre circulation vers le détroit d'Ormuz, menacée aussi par les ambitions françaises. Finalement, les Anglais trouvent bien commode l'usage de cette petite escale. Ils la placent sous leur « protection », alors que les tribus d'ici viennent à peine de se séparer du joug bahreïni : depuis « toujours », ce sont les émirs d'en face, ceux de Manama, qui régnaient sur la presqu'île en forme de poire.

Contrairement au système colonial français, quadrillé d'administrateurs et de proconsuls chargés de faire régner le jacobinisme de Dunkerque au Tonkin, le dispositif britannique, inspiré de l'ottoman, est plus insidieux. Les maîtres anglais affectent de confier le pouvoir à un indigène, toujours un ami. La tutelle est donc discrète. En 1868, les Britanniques choisissent de confier les clés du petit désert à Mohamed Ibn Al-Thani, parce qu'il est le plus docile. L'« élu » s'engage à ne faire la guerre ni sur terre ni sur mer, en tout cas pas aux Anglais ni aux Bahreïnis. Quatre ans plus tard, Qassim, le fils de Mohamed, calife à la place du calife, signe aussi un traité d'amitié avec l'Empire ottoman, sans que son père soit au courant.

Avant ce sacre voulu par Londres, les Al-Thani, c'est vrai, étaient souvent élus par leurs frères des tribus pour représenter leurs intérêts. Les Anglais ont donc fait d'un « président » un roi ! Les Al-Thani lèvent l'impôt sur les pêcheurs de perles de Doha, tandis que d'autres cheikhs, dans ce micro-État pas totalement unifié, continuent de taxer ceux du nord du pays ainsi que les Bédouins des dunes. En 1916, le Qatar accède au statut de protectorat. Cette fois, l'émir, devenu cheikh de tous les cheikhs, reçoit la globalité de l'impôt, son allégeance aux colons est enfin récompensée. Mais la stabilité du trône reste incertaine. Dans la famille régnante on a l'abdication ou le coup d'État faciles. En 1913, 1949 et 1960, les rois, ennuyés par le pouvoir, jettent l'éponge. En 1972 et 1995, c'est un prince qui va éjecter un cousin ou un père. L'attelage des émirs Al-Thani et de la Couronne de Londres fonctionne néanmoins sans rupture. Avec des temps forts en 1930 et 1939 quand le sol révèle un pétrole qui, finalement, ne sera exploité qu'à partir de 1949.

Autre moment de chaleur, en 1956, quand Guy Mollet et Anthony Eden décident de reprendre le canal de Suez à Nasser. Une base arrière à Doha pouvait leur être très utile. En 1971, alors que le reste du monde vit une période postcoloniale, Bahreïn et le Qatar continuent d'exister sous le régime du protectorat. Au moment où la reine d'Angleterre décide enfin de se retirer, ses diplomates préparent une soupe à la grimace : faire du Qatar et de Bahreïn un unique royaume. Rêve perdu puisque, le 15 août 1971, Bahreïn se déclare indépendant, suivi par Doha le 1ᵉʳ septembre. Dès lors, sans jamais le formuler, menacé en permanence par les frères ennemis de Manama et d'Arabie saoudite, le Qatar est à la recherche perpétuelle d'un garde du corps. Ce *body guard* sera l'Amérique.

Mais que sont devenues ces tribus qui ont délégué leur pouvoir aux Al-Thani ? Elles dorment. Assoupies par le somnifère de la rente que leur sert l'émir. Pour les ex-pêcheurs ou les anciens

Bédouins, plus besoin de plonger, de jeter des filets ou de suivre des troupeaux. Rouler en 4 × 4 dans le désert distrait quelques instants, comme la drague effrénée, puisque la vie sexuelle de nombreux bourgeois et bourgeoises de Doha est, paraît-il, une bacchanale éloignée du Coran. Pour les frères tribaux, qui n'auront pas été choisis comme ministres ou hauts fonctionnaires, restent aussi la passion des chevaux et la chasse au faucon.

Habiles, les Al-Thani ont instauré un partage du pouvoir (très relatif) qui, avec l'argent distribué, jugule *grosso modo* toute opposition des autres familles. Ainsi, quinze personnalités qui n'ont pas la chance d'être nées Al-Thani – fratrie qui compte environ trois mille cousins – se partagent des postes de ministre dont aucun n'est de premier plan. Pas grave dans un pays où tout se règle dans le salon de l'émir, ou dans celui de son Premier ministre et cousin, Hamad bin Jassim bin Jaber Al-Thani (dit « HBJ »). Dans ce royaume, être chargé de la Justice, de l'Économie, sans parler de l'Environnement ou des Affaires sociales n'a pas plus de sens qu'être titulaire d'un maroquin en Corée du Nord où Kim Jong-un s'occupe de tout.

Au Qatar, les rebelles se terrent dans le nord de la péninsule, autour de la région de Zubara. Où, jusqu'en 2001, le port et sa côte étaient encore disputés entre Bahreïn et Doha. Maîtres historiques des lieux, les membres de la tribu Al-Naïm refusent toute alliance avec les Al-Thani. Agissent comme le chat qui en laisse passer un autre sur son territoire, faisant semblant de ne pas le voir pour éviter la bagarre. Entre les deux familles n'existe donc qu'une paix armée. Seuls quelques cousins Al-Naïm, observés d'un œil noir et réprobateur, fréquentent la cour de l'émir. Un souverain qui fait valoir que ces derniers, vers dans le fruit, sont trop intimes avec Bahreïn pour être honnêtes. Pendant très longtemps ce sont eux qui ont assuré la garde rapprochée du roi de Manama.

L'histoire actuelle du Qatar, cette monarchie ultra-conservatrice qui méduse la planète, commence par un poignard planté dans le dos. En février 1972, le cheikh Khalifa lance un coup d'État contre l'émir Ahmad, un cousin ni présent ni passionné par la gestion de son pays. Quelques fidèles sont tués. On en ignore le nombre puisque ces avanies sont immédiatement effacées par la serpillière de l'Histoire, et les corps enterrés encore chauds. Pour s'assurer que l'émir Ahmad, alors occupé par une partie de chasse en Iran, ne va pas regagner son palais dare-dare, la fourbe Arabie saoudite accepte de lui fermer sa frontière au nez.

Assis sur le trône, l'émir Khalifa fait une promesse qu'il ne tiendra jamais, celle de se satisfaire d'un revenu mensuel de 250 000 dollars, alors que son prédécesseur dérivait systématiquement le quart des recettes pétrolières nationales vers ses comptes en banque. En vérité, sur la base d'une « Constitution » à proposition unique, « L'État c'est moi », une règle toujours en vigueur, le nouveau calife ne tracera jamais de frontière légale entre les recettes publiques et sa fortune. En 1979, quand l'intégralité de Qatar Petroleum passe sous contrôle « national », autrement dit celui de la famille, le mode comptable reste flou. Certes, le brut qatari ne coule pas à gros bouillons comme celui du voisin saoudien, mais le flux est assez fort pour lancer les prémices de ce que Khalifa qualifie de « renaissance d'un Qatar moderne ». Autrement dit, un pays possédant l'eau courante, l'électricité, des routes, un aéroport, des téléphones, une police et une armée et, pourquoi pas, une politique étrangère.

Hélas, comme ces héros déchus que les censeurs staliniens effaçaient des photos officielles, l'émir Khalifa est gommé de la saga de l'émirat. Les livres d'histoire sont toujours écrits par les vainqueurs. En 1995, quand Khalifa est chassé à son tour par son fils Hamad, l'actuel maître de Doha, le rôle de papa passe à la trappe. Pourtant l'émir Khalifa, grand ami de Paris, a développé une vraie stratégie pour l'avenir de son pays.

Puisque la sinuosité dans la succession des Al-Thani est la règle, une petite notice est nécessaire pour mieux comprendre l'empilage des fourberies accomplies au sein de la fratrie. Ainsi, en 1972, quand Khalifa chasse son cousin, il s'engage donc à observer une grande sobriété financière, mais surtout à nommer pour lui succéder, l'heure venue, un fils du parent qu'il vient de destituer. Il n'en fera rien et, quelques mois après sa promesse, Khalifa désigne Hamad, l'un de ses rejetons, comme prince héritier. La branche écartée du trône réagit. En 1983, une rumeur militaire affirme qu'un attentat doit souffler l'hôtel Doha Sheraton, l'unique immeuble imposant du pays, sa tête de gondole sur les premiers dépliants touristiques. Au-delà du béton, la bombe vise à déstabiliser le pays afin d'en chasser l'émir. Heureusement, politique « arabe » de la France oblige, quelques barbouzes tricolores viennent écarter le danger et rétablir l'ordre. Une soixantaine d'officiers qataris sont arrêtés, et, puisqu'il faut toujours un méchant dans les comédies, la Libye de Kadhafi est dénoncée comme facilitatrice du coup d'État projeté.

La présence française dans le monde arabe l'exige, ordre de De Gaulle qu'on occupe le terrain, même s'il est insignifiant. Depuis 1962 et les accords d'Évian qui sonnent la fin de la guerre d'Algérie, la France flirte avec tous les pays de la Méditerranée. Le « non-alignement » de Paris et la phrase du Général qualifiant en 1967 Israël de « petit État sûr de soi et dominateur » sont ici des passeports très diplomatiques. L'ancien colon anglais s'étant écarté de Doha, l'Amérique n'ayant pour horizon que le rideau de fer et le Vietnam, Paris établit de bonnes relations avec l'émir Khalifa ; plus encore après le choc pétrolier d'octobre 1973.

Initiés dès 1972, des projets communs aboutissent à la signature en 1974 et 1975. Par exemple la construction, par le groupe CDF-Chimie, filiale des Charbonnages de France, d'un « vaste complexe pétrochimique qui pourrait être complété ultérieurement par une fabrique de matières plastiques ». Le projet prévoit également la mise sur pied d'une société de transport et d'une autre de distribution, le tout « contrôlé par des intérêts français ». Mieux, Paris tape Doha à la caisse. Lors d'un passage au Qatar, Norbert Ségard, le ministre du Commerce extérieur de Chirac, alors à Matignon, obtient un prêt de 100 millions de dollars et un crédit de 50 millions. Mais, il y a trente-huit ans, Doha faisait rire à l'Assemblée nationale. À propos de ces prêts et crédits venus du désert, les communistes font semblant de redouter cette nouvelle amitié. Depuis le banc du gouvernement, Ségard renvoie les persifleurs à la buvette : « Je vais vous chicaner un peu à propos de la colonisation de la France par les Qataris »... Puis il passe au cœur du sujet, une histoire de vapocraqueur. Le « vapocraquage » ? C'est l'art de valoriser au mieux une « coupe » pétrolière pour en faire du plastique. Paris et la CDF-Chimie, qui ont installé cette merveille au Qatar, en projettent une réplique à Dunkerque et au Venezuela. Et les investissements de l'émir Khalifa aident à la mise en place de ces gros monstres qui vont permettre, s'exclame Ségard, « à la région Nord de se reconvertir et de développer des centaines d'emplois ». Merci, donc, le Qatar. La prodigieuse machine sera bien construite, à Mardyck, dans le Nord. Mais sans créer les « centaines d'emplois » attendus, ni opérer une reconversion régionale. Le site du vapocraqueur est aujourd'hui classé « Seveso ». Il a explosé en octobre 2011, provoquant « un tremblement de terre » et la blessure grave de trois ouvriers.

Plus qu'un simple marchand de pétrole, comme le sont les voisins saoudiens, l'émir Khalifa se veut entrepreneur, transformateur, industriel. Il a le mérite de lancer des firmes, d'ouvrir des ateliers. Hélas, la main-d'œuvre locale « est difficile à motiver » et, quand elle l'est, elle « se montre plutôt dolente ». Les experts internationaux estiment que « le niveau de production ne peut que désespérer toute tentative industrielle sérieuse ». Pauvre émir.

Lassé de perdre des sommes colossales, le roi de Doha voit venir la faillite. Il se lance dans une « fuite en avant », investit dans l'extraction du gaz puisque, il le sait maintenant, dans son sous-sol maritime dort une poche plus vaste que le pays lui-même. Pourtant les banquiers mondialisés restent sourds à ses appels. Heureusement, la Banque du Qatar se débrouille, parfois avec des exercices, selon un témoin, « dépassant le cadre traditionnel du métier », pour assurer les fins de mois. Cette débine mine le moral d'un émir qui vit en espérance d'énergie. Le plus souvent c'est à Paris qu'il trouve le réconfort. Dans l'univers de la nuit où l'on parle plus volontiers de cache-sexe que de *cash flow*.

À l'hôtel de Crillon, le cheikh Khalifa est chez lui. Parfois il loue des tranches entières du palace pour une durée qui peut atteindre six mois. Comme Son Excellence semble davantage adhérer à un islam souple qu'à sa version plus dure, elle peut sans fausse honte écluser les whiskies millésimés du palace. Mais le roi a aussi son côté bourbon et aime l'alcool de grains *made in USA*. L'apaisement de sa soif, celui peut-être aussi du stress né d'une possible faillite, nécessitent beaucoup de liquide. Loin de Doha, l'émir se sent mieux, et comment ne pas l'être quand ses fenêtres s'ouvrent sur une esplanade qui symbolise l'harmonie, la Concorde.

On ne saura jamais, comme de l'antériorité de l'œuf sur la poule, qui a entraîné l'autre dans une vie parisienne agitée. Khalifa, le père, ou Abdelaziz, son fils aîné, demi-frère de l'émir d'aujourd'hui ? Depuis des années, fixé avenue Montaigne, Abdelaziz anime le quartier par son inventivité permanente. Il trouve une de ses voisines « sublime » et apprend qu'elle est folle des poiriers... Le lendemain, une armée de jardiniers plante les terrasses de son hôtel particulier, sur lesquelles donnent les fenêtres de la créature à séduire, de doyenné du comice. Amateur de Porsche, Abdelaziz « tune » ses bolides en leur infligeant des poignées en or. Une section de pavés, en or eux aussi, dalle le pas de sa porte. Et la Porsche précieuse est parquée dans le salon, tout contre un piano à queue Steinway qui cause bien du souci au prince. Non que ce fils du désert craigne les fausses notes : le problème de cet outil de concert, c'est sa peinture. Régulièrement des femmes aux doigts montés de trop gros diamants rayent, en la caressant, la laque de ce piano. Son Excellence Abdelaziz convoque alors un laqueur... dont le travail est parfois bâclé. Toujours à l'écoute de la désespérance de celui qui aurait pu être émir, un huissier intervient alors pour constater le crapaud sur le flanc de l'instrument.

Pour ses bonheurs parisiens, Khalifa retient d'abord l'alcool et les prostituées. Rien de très original. Le drame du roi de Doha sera de se faire coincer dans une vilaine affaire où les créatures sont vénales. Une histoire privée qui ne le reste pas assez.

Tout le malheur de Khalifa vient du juge Frédéric N'Guyen. L'un de ces magistrats qui ne comprennent rien à l'intérêt supérieur de la nation. Et s'acharnent à appliquer le droit avec aveuglement. Ce N'Guyen a si peu le sens de la mesure que, lors d'une mutation en Corse, il a tenté de mettre en prison des bandits locaux...

Nommé à Paris, N'Guyen s'installe avec, auprès de sa hiérarchie, une réputation de « petit juge » qui n'en fait qu'à sa tête. Le parquet précautionneux ne lui confie que des dossiers sans métastases. Et pourquoi pas une banale petite histoire de proxénétisme. Raté, le parquet. N'Guyen tire le fil d'une *love story* payée en dollars et ferre William Kazan, l'ambassadeur particulier de Khalifa. Vivant entre son yacht et ses appartements de l'avenue Montaigne, à Paris, Kazan – pourtant si avare – a pris l'habitude de s'offrir des prostituées comme on achète des cigares. Et parfois Kazan se trompe sur l'âge des filles. Une Suédoise de seize ans, « engagée pour faire des photos[1] », affirme avoir été violée par l'ambassadeur. Voilà le genre de dossier qui plaît au juge : cette enquête est une poupée russe, sous Kazan se cache un homme qui aurait dû rester invisible, Sa Majesté Khalifa. Le roi puisait

---
1. Comme l'indique le procès-verbal du dossier d'instruction.

aussi dans le vivier de son ambassadeur. Tout au moins dans son cheptel majeur.

Quand le feu gagne une affaire judiciaire, le parquet, par peur de se brûler sans doute, est le premier à tenter d'éteindre l'incendie. Cette fois, le dossier ridicule de souteneur libanais et de photographe proxénète, de Madame Claude au petit pied, met en cause un chef d'État ami et client de la France. Il faut stopper la machine à fâcher. N'Guyen est subitement ligoté, il n'a plus le droit de fouiller les alcôves. Pourtant, par le bonheur d'un dossier dit « annexe », on en sait un peu plus sur l'état de déprime de Son Excellence Khalifa. Le magistrat a coincé « Nina », une Marocaine de trente ans, employée comme prostituée par « Monsieur Nazih » qui fournit Kazan et consorts. Six ans après « les faits », en novembre 1998, « Nina » raconte un peu de son existence devant le tribunal correctionnel :

« Monsieur Nazih m'a proposé de rencontrer quelqu'un de très bien. Un homme qui "pouvait changer le cours de ma vie". C'était le roi du Qatar. Je ne suis pas une prostituée mais, là, je me suis dit que j'allais vivre comme une princesse. »

« Nina » se retrouve à Cannes dans le palais local de l'émir, la villa Al-Rayan. Mais le métier est dur :

« Ce n'était pas facile. Il buvait une bouteille de whisky avant chaque repas et voulait avoir des relations sexuelles après. Mais n'y arrivait pas. »

Le bon Khalifa n'en veut pas à l'imprenable « Nina ». Il lui offre, à Châtillon, un appartement d'une valeur de 1,6 million de francs (soit 340 000 euros, si l'on tient compte de l'inflation), une Mercedes à 400 000 francs et une pension de 30 000 francs par mois[1].

À cette époque, en dehors de choyer quelques « Ninas », l'émir n'a plus rien à faire, ou presque. Comme Hamad, le prince héritier resté à Doha, n'a pas le droit de signature, un avion fait des navettes entre le roi et son fils dans une valse de parapheurs... Lassé de ce statut, le 27 juin 1995, Hamad dépose son père, alors dans un palace suisse. Heureusement, l'émir a l'habitude de voyager avec ses bagages. Il a dans ses malles un viatique important qui, selon les sources, varie entre 2,5 et 7,5 milliards de dollars. Assez pour voir venir. Aidé de son fidèle Paul Barril et de quelques mercenaires tricolores, Khalifa va tenter un vain contre-coup d'État avec aussi, affirme-t-on à Doha, l'aide de barbouzes appointées par les services de Moubarak. Un détail qui aura son importance quand, seize ans plus tard, l'heure viendra pour Hamad bin Khalifa Al-Thani d'avoir le scalp du tyran égyptien.

---

1. Selon les procès-verbaux d'instruction et l'audience publique du tribunal.

CHAPITRE 2

L'omni-émir

Si on se livre à l'exercice impossible d'oublier l'argent, le Qatar est un pays nain, une terre dérisoire grande comme une fois et demie le département du Maine-et-Loire. La population des Qataris « de souche », soit les familles installées dans le pays depuis 1930, se monte à environ 150 000 âmes. Le chiffre exact est un secret d'État. Pour rester dans la comparaison hexagonale, Son Excellence Cheikh Hamad bin Khalifa Al-Thani règne donc sur un peuple aussi important que celui de la ville d'Angers *intra-muros*, la dix-huitième de France.

L'infiniment petit du Qatar est forcément générateur de blagues. On affirme que, lors d'un voyage de l'émir à Pékin, le Premier ministre chinois lui aurait posé cette question :

« Combien d'habitants comptez-vous au Qatar ? — Plus de 150 000. — Alors pourquoi ne pas les avoir amenés tous avec vous ? » aurait repris l'ironique.

Le vrai peuple de l'émir, sa force, est volatil. Il se compte en mètres cubes cachés au fond du North Field, la troisième réserve de gaz naturel au monde, après celles de la Russie et de l'Iran. D'ailleurs le Qatar fait champ commun avec l'Empire perse des ayatollahs, les voisins de la rive d'en face. Les deux États pompent dans la même et gigantesque nappe qui se cache sous leur détroit commun. Quelques ingénieurs mal-pensants affirment même que Doha ne se prive pas de lancer ses pompes jusque sous l'*off-shore* des fous de Dieu… C'est donc sur cette grosse bulle que règne d'abord l'émir. Ce manque de peuple explique aussi sa volonté de conquérir celui des autres. Pour jouer sa comédie du pouvoir, l'émir a besoin de public.

À la manœuvre, le cheikh Hamad Al-Thani est partout, dans le Golfe et au Moyen-Orient, où il se vit en maître. En juin 2011, il donne un gouvernement au Liban, qui en attendait un depuis des mois. Il est le moteur de la Ligue arabe à laquelle, par des promesses de crédits, il impose sa loi. Doha est devenu un tribunal de simple police où l'on peut régler en un tournemain les conflits du monde entier. Ainsi la poussiéreuse capitale de la presqu'île se croit le centre du monde. Pour l'émir et son équipe, l'orgasmique « printemps arabe » est une apothéose. Cet infaillible ami d'Israël a même entrepris, en Palestine, de transformer le Hamas. Aidé de ses amis turcs, également impliqués dans cette tentative, Hamad Al-Thani veut convaincre le mouvement religieux de changer de nature. Le parti de Dieu deviendrait celui des Frères musulmans de Palestine, dont le siège serait à Amman. Le Hamas renoncerait à sa charte, qui prévoit la victoire par les armes, et accepterait de reconnaître Israël. Ainsi, glisse l'aimable et pacifique cheikh à l'oreille des leaders palestiniens portant barbe, le Hamas pourra devenir un « partenaire fréquentable » auquel on rendra raison.

Bien évidemment, le roi de Doha n'a pas demandé l'avis de son confrère Abdallah de Jordanie, qu'il déteste. Les amis d'Al-Thani préparent d'ailleurs un plan, la solution absolue au drame palestinien. Il consisterait à destituer cet Abdallah à demi anglais pour instaurer à la place de son royaume hachémite une république, mais sur le mode islamique. Puis à placer à sa tête Khaled Mechaal, le leader du Hamas, un « révolutionnaire » dont la fougue a été domptée par l'émir et qui somnole désormais à Doha. Ainsi donnerait-on la Cisjordanie à Israël, les Palestiniens passant de l'autre côté du Jourdain. Voilà comment, quand ils s'ennuient, le roi et sa cour jouent au Monopoly avec les pays des autres. La perspective, pour le Hamas, d'échanger sa politique contre de l'argent ne fait pas l'unanimité en son sein. Ahmad Jaabari, chef militaire du parti religieux, s'oppose à l'« ouverture » suggérée par Doha. Mais un missile opportun, tiré par Israël, a éliminé à temps le mauvais coucheur. Ceux qui pensent comme lui ont compris le message.

Le 23 octobre 2012, quelques jours après une nouvelle offensive de Jérusalem contre Gaza, l'omni-émir, accompagné de la princesse Moza, débarquait dans l'étroite bande de terre sous blocus. Tambours et fanfares, il annonce l'arrivée d'un virement de 450 millions de dollars. Très exactement la somme qui fait défaut à Abou Mazen, le président de l'Autorité palestinienne claquemuré à Ramallah, pour renflouer ses caisses. Le message est limpide : si vous n'empruntez pas le chemin de la religion, votre destin est sans espoir[1].

À la même période de l'année 2012, Son Altesse rend visite au roi du Maroc. Pas vraiment un ami puisque le royaume chérifien est une chasse gardée des frères ennemis saoudiens, et que Mohamed VI, en tant que « Commandeur des croyants », a tendance à se prendre pour le Prophète. Ce qui agace le « Qarmat ». Lors des élections au Maroc, Al-Thani a malgré tout donné un coup de pouce à son collègue roi en guidant le vote des travailleurs marocains émigrés à Doha vers le parti islamiste courtisé par Mohamed VI. Cette fois, c'est dans la région d'Essaouira que des projets, forcément grandioses, se dessinent en commun. Mais l'émir Hamad n'aime guère cette partie nord-ouest de l'Afrique où il est rarement le bienvenu.

Quelque temps avant de se rendre au Maroc, Hamad Al-Thani a posé son jet à Nouakchott, en

---

1. On notera que le généreux Qatar ne figure qu'au 47e rang des pays donateurs qui financent l'UNWRA, l'agence de l'ONU qui permet aux réfugiés palestiniens de survivre.

Mauritanie. Hélas, avec le président Mohamed Ould Abdel Aziz, la conversation monte de plusieurs tons quand le roi de Doha, sans se démonter, demande au premier mauritanien de « restituer au Conseil national libyen les avoirs que Kadhafi a prudemment abrités en Mauritanie ». La recherche des fonds du colonel est une des obsessions d'Al-Thani. Aimable, il offre même de se charger du transport des millions. Ould Abdel Aziz répond sèchement qu'il ne lui fait pas confiance et l'envoie paître. En expert des droits de l'homme, l'émir attaque alors la Mauritanie et dénonce « son absence de liberté ». Déclaré indésirable, Hamad est contraint de reprendre son jet plus vite que prévu et sans cash dans la soute.

Début janvier 2013, les marrons de la dinde encore chauds, Hamad Al-Thani est à Alger. Une étape critique tant la détestation est réciproque. Abassi Madani, l'ineffable chef du Front islamique du salut (FIS), qui en 1991 a mis l'Algérie en état de guerre civile, n'est-il pas réfugié à Doha ? Depuis Londres, son fils anime une télévision financée par le Qatar qui pilonne Alger. Dans un livre particulièrement clairvoyant, *Le Printemps arabe, une manipulation ?*, le politologue Naoufel Brahimi rapporte une anecdote qui se serait déroulée à Oujda, au Maroc[1]. C'est ici que la chaîne qatarie Al-Jazira aurait, à l'aide de figurants, filmé de

---

1. Naoufel Brahimi, *Le Printemps arabe, une manipulation ?*, Max Milo, 2012. Information confirmée aux auteurs par un membre important des services spéciaux algériens.

fausses scènes d'émeutes. Le but étant de diffuser ces séquences plus tard, en situant la « révolte » en Algérie. Et un ambassadeur du Maghreb en Europe affirme que, toujours en prévision d'un « printemps algérien », cinq cents téléphones portables, capables de prendre des vidéos, ont été distribués par le Qatar à de jeunes Algériens. Pour la mise en ligne de ces images de la révolte, Facebook devra encore attendre un peu…

L'arrivée de l'émir à Alger est aussi chaleureuse qu'un débarquement sur la banquise. Chacun met les formes. On parle d'un « large échange de vues », de « coopération ». Au terme de la visite, on réchauffe un vieux projet ambitieux, un vaste complexe sidérurgique lancé à Jijel. On comptera vingt mille emplois et dix milliards de dollars d'économies pour la balance des paiements algérienne. Entre deux portes, Bouteflika conseille à son « frère » l'émir « de mettre un frein à l'aide qu'il apporte aux jihadistes rassemblés au Nord-Mali »…

En Égypte, les Frères musulmans seraient-ils à la peine, ne parvenant pas à boucler leur budget ? Pas de problème entre disciples : le Qatar consent un apport immédiat de 5 milliards de dollars. Avec ce prêt islamique sans usure, le président Mohamed Morsi pourra montrer à son peuple combien la gouvernance religieuse est efficace et généreuse.

Ce sont les sous et non les forces armées du Qatar qui expliquent le rôle éminent joué par le petit émirat. « Les forces qataries non seulement apparaissent modestes (11 800 hommes), note Jean-

Loup Samaan, chef du département Moyen-Orient de l'Otan, mais leurs compétences techniques sont évidemment limitées. Leur arsenal "missilier" et leur parc de chars vieillissent[1]. » En 2011, quelques Exocet européens ont modernisé l'équipement, mais la défense aérienne et la couverture radar ne valent guère mieux. La seule force de frappe de l'émir du Qatar tient donc dans les 210 milliards de fonds souverains.

Si on le voit beaucoup en photo ou en vidéo, l'homme qui règne en monarque absolu sur ce petit monde et sa manne reste mystérieux. Il ne prononce que très peu de discours, d'une identique langue de bois. Les interviews de Sa Majesté ne nous indiquent que l'heure et le temps qu'il fait. Est-ce l'espoir d'obtenir de nouvelles faveurs qui habite ses interlocuteurs ? Ceux-ci restent muets. Plus étrange, ceux qui ont été écartés ne sont pas plus bavards, comme saisis par une peur durable... Au demeurant, pourquoi poser des questions à propos de ce monde puisqu'il est certifié enchanté ? Le député français Jean-Christophe Lagarde, élu de droite, n'a-t-il pas purgé toute forme d'énigme en lançant cette « *fatwa* » : « Critiquer le Qatar, c'est faire du racisme antimusulman » ? Une épidémie de silence qui touche aussi bien les hommes et femmes politiques que les sportifs, les hommes d'affaires, les jeunes de banlieue et, hélas, trop d'universitaires. Ces malheureux

---

1. « Les monarchies du Golfe : un marché d'armement sans armées ? », Jean-Loup Samaan, in *La Revue du Moyen Orient*, n° 17, janvier-mars 2013.

doivent bien trouver des crédits pour financer leurs recherches et instituts. Et, dans ce peloton de savants, Tariq Ramadan, nous le verrons bientôt, n'est que le champion le plus visible. Chez les islamo-politologues, le Qatar ne compte que des amis, sentiment justifié puisque l'émirat n'est jamais ingrat envers ceux qui savent l'aimer. Ces quelques gravures orientales tracées, qui donnent un échantillon du désir qu'a Doha d'imposer le poids de son règne de Damas à Dakar, le moment est venu de pousser la porte du sérail.

Hamad bin Khalifa Al-Thani est né à Doha le 1er janvier 1951. Le peu d'attention que l'on prête aux femmes dans son pays se confirme : aucune biographie du futur souverain n'indique l'identité de sa mère. Alors que c'est une très honorable bourgeoise, une Al-Attiyah, la famille des guerriers et du vainqueur du Paris-Dakar 2011. Notre Hamad n'est alors qu'un prince parmi d'autres, il a un demi-frère aîné, Abdelaziz, et n'est pas destiné à régner. Sa vie de jeune homme est celle des trains qui arrivent à l'heure. Il est sage, réservé et pieux, mais sans plus. Son père Khalifa destine l'immense Hamad (on suppose 1,90 m, mais sa taille est aussi un secret) à l'art militaire. Même si papa adore de Gaulle, c'est en Angleterre, pays du colonisateur, qu'il envoie le prince, notamment à l'académie militaire de Sandhurst. En 1971, il sort de ce Saint-Cyr britannique avant la fin des classes. Pas grave, papa fait son coup d'État.

Promotion étoilée pour le jeune militaire qui, en cinq ans, passe du grade de lieutenant à celui de major général et devient le patron de l'armée. Il ne commande qu'une poignée de bidasses, mais dans un bel uniforme. Il va l'étrenner au feu – ou pas loin – en 1986, lors d'une querelle avec Bahreïn, qui laisse des morts sur le sable. Avec une rechute en 1992 où, cette fois, les balles s'échangent avec le voisin saoudien. En 1995, il est toujours militaire, mais aussi ministre de la Défense. C'est en casquette et boutons dorés qu'il part en guerre, cette fois contre son père.

Un père dont il est l'exact contraire. Pour Hamad, pas de fêtes à Paris ou Londres. D'une santé précaire, souffrant d'une insuffisance rénale qui l'obligera, en 1997, à subir une opération d'un rein dans un hôpital américain, il lutte en diabétique contre une obésité peu ordinaire. Gourmand, peu après s'être emparé du pouvoir, il envoyait parfois depuis Doha un avion lui chercher un plateau de fruits de mer... à Nice.

Une batterie de soins et de sévères thalassothérapies, pratiquées notamment à Quiberon, permettront à l'émir de perdre plus de cinquante kilos. Sa stricte observance de l'islam, une vocation récente, le pousse désormais à une frugalité d'anachorète. Miracle à propos de ce roi religieux, un Saint-Louis de l'islam, nous avons pu obtenir le témoignage d'un homme qui le fréquente depuis trente ans : « Ce n'est pas un bavard. Il est courtois, aimable, mais entêté. On ne peut pas dire qu'il ait une intelligence supérieure mais il est très malin, il a du pif et de la chance. Enfin, pour faire ce qu'il a envie de faire, il sait s'entourer, déléguer. Sa religiosité nouvelle est étrange. Il y a vingt ans, il était encore nassérien et supporter du très laïc parti Baas. On ignore ce qui s'est passé, mais aujourd'hui il est convaincu d'être une sorte de moine politique, comme vous avez connu, en Europe, les moines-soldats. Il a repris le flambeau des Saoudiens qui voulaient aussi imposer le wahhabisme pour le bien de l'humanité. »

Ce roi ne se signale par aucune exubérance et déteste les courtisans. Lors de l'inauguration d'un fameux musée, construit par Pei à Doha, l'émir manifeste un réel mécontentement en découvrant que l'entrée de ce haut lieu de l'art mondial est ornée de son portrait géant : « Là, c'est vraiment trop », aurait-il dit.

« Personnellement, je déplore ce virage religieux de notre émir, poursuit notre témoin désabusé. Je pense que le Qatar, qui est mon pays, est en train de se faire de nombreux ennemis et pour longtemps. C'est ainsi. Notre roi est devenu un authentique chevalier de la foi qui vibre aux récits anciens, quand les musulmans s'installaient de Médine à Poitiers. L'émir souffre réellement des territoires perdus de l'islam. On a parfois l'impression qu'il souhaite être un instrument de reconquête. Du rétablissement d'une fierté islamique. »

La chasse est la seule pratique qui puisse lui faire oublier le destin du monde. Parfois il disparaît quinze jours, le plus souvent avec ses faucons. Le roi chasse dans tout le Moyen-Orient et ailleurs, dans certains pays avec lesquels il n'est pas en harmonie, comme l'Algérie. Jadis, c'était dans les plaines d'Irak. On voyait arriver une nuée de 4 × 4 et de camions lourdement chargés. Dans les engins tout-terrain, des spécialistes de la vénerie traitaient avec amour des faucons à 100 000 euros la bête. Des oiseaux à la tête encapuchonnée afin de les rendre momentanément aveugles, des chasseurs sagement alignés sur les perchoirs, les fauteuils de cuir des 4 × 4 faisant, au-dessous, office de ramasse-crotte. Des ouvriers silencieux dressaient en quelques heures un village bédouin en version luxe, avec groupe électrogène et climatiseurs.

L'amour des voitures, l'émir l'exprime plus discrètement. Si le roi aime conduire, il ne passe pas des heures à se détruire les vertèbres en roulant dans les dunes. Ses joies sont plus simples : faire quelques kilomètres dans la dernière McLaren, Ferrari ou Aston Martin. Puis les regarder alignées dans un garage qu'il ne montre jamais. Jadis, il aimait écouter le bruit de ses moteurs V10 et V12 en compagnie de son ami Bachar el-Assad, assis à ses côtés, sourire aux lèvres et l'avenir devant eux. Comme tout homme du désert, Hamad Al-Thani aime aussi les chevaux, qui supportent mal ce cavalier trop grand, trop lourd. Il les apprécie quand même, mais pas autant que son jeune frère le prince Abdallah, qui fut Premier ministre de 1996 à 2007, et qui sponsorise le prix de l'Arc de Triomphe couru chaque année à Longchamp.

Pour ce qui est de la vie familiale, sentimentale et pourquoi pas amoureuse, le Coran élargit le champ des possibles quand il autorise un homme à avoir quatre épouses en parallèle. L'unique condition étant de « les traiter de façon équitable ». Ne doutons pas que les trois moitiés de l'émir sont toutes nourries et vêtues correctement, mais reconnaissons que leur saint mari, pour qui se réfère au texte sacré, prend quelque liberté : il ne met en scène que la princesse Moza, et rien qu'elle. Alors que nous ignorons tout des deux autres, Miriam bint Mohamed Al-Thani et Noora bint Khalid Al-Thani, qui sont certainement des épouses intelligentes. Et charmantes, elles aussi ? La réponse est dans le jugement d'un expert de cette monarchie polygame : « Moza est d'abord un magnifique outil politique. »

Outre Dieu, l'émir aime donc l'argent pour le pouvoir divin qu'il donne. En dépit de promesses répétées, les siennes empilées sur celles de son père, nous l'avons dit, il n'existe toujours pas de frontière dans le secret des caisses dites « publiques ». Aucun partage clair entre les revenus de la « nation » et les siens. Les « lois », et le Qatar n'en compte guère, ne sont pas davantage des obstacles susceptibles d'arrêter l'action du roi. Il a violé la plus « sacrée », celle qui prévoyait que le prince héritier devait être choisi tout simplement et sans plus de précisions « parmi les garçons de la famille Al-Thani ». À cette injonction historique le monarque a ajouté une restriction : désormais le prince héritier ne pourra être qu'un fils de l'émir. Le seul droit qui s'exerce à Doha est divin, appliqué par un homme qui se prend pour Dieu.

Un indice. Lors d'une réception donnée à Doha en l'honneur d'une douzaine de jeunes élus des banlieues françaises, rencontre que nous détaillerons plus loin, l'émir a clairement insisté auprès d'eux sur « leur devoir de pratiquer la religion », d'être de « bons musulmans ». Difficile de savoir ce que redoute l'émir : le déclin de l'islam ou la perte de son pouvoir ? Et que veut-il ? Diriger une partie du monde ou simplement garnir les rangs de la Oumma, la communauté des croyants ? Personne n'a encore répondu à ces questions.

Dans tout le Moyen-Orient, et même dans le Golfe, l'émir Hamad est le seul responsable à avoir fait construire une mosquée dédiée à Mohamed Ibn Abd Al-Wahhab, un maître qui appartient lui-même à la tradition d'Ibn Hanbal, la plus rigide des écoles juridiques de l'islam. Si l'on en croit les ouvrages savants, le wahhabisme se définit comme un sunnisme « salafiste », ce dernier étant une référence aux « trois premières générations de l'islam ». Pour les wahhabites, il n'est pas de salut hors du wahhabisme. Aucune place pour l'acharisme, le soufisme et, pis, le chiisme, ressentis comme de vrais choléras.

Ce complexe qu'il ressent d'un islam mal aimé s'ajoute aux humiliations qu'il a ressenties jeune homme, lors de ses voyages à l'étranger. Où le musulman était brocardé et le Qatar un pays qui n'existait pas. Aussi a-t-il éprouvé un plaisir enfantin quand, il y a quelques mois, un ami français lui a rapporté cette anecdote :

« À Paris, ma boulangère m'a demandé si elle devait me livrer du pain pour le lendemain. Je lui ai répondu : "Non, je pars pour le Qatar." Et elle a répliqué : "Ah oui, le pays arabe qui a acheté le PSG !" »

Sur le plan des idées, sa façon d'administrer les hommes, le souverain n'a rien de l'« autocrate éclairé » que ses thuriféraires s'échinent à dépeindre. L'émir Hamad est clairement et foncièrement réactionnaire. La vie et l'avis des autres, il s'en moque. Il aime l'ordre sans la loi, ne partage aucun pouvoir et interdit toute critique de sa personne. Émettre un bémol dans la louange de l'Excellence relève du blasphème, l'offense suprême en pays d'islam.

Depuis sa prise de pouvoir en 1995, Hamad bin Al-Thani n'a qu'un seul ami, l'Amérique. C'est à l'ombre du grand parapluie des États-Unis que le jeune homme de quarante-quatre ans a pu renverser son père. Bien sûr, ce dernier, en 1991, n'avait pas été assez fou pour refuser de participer à la guerre du Golfe. Mais son engagement contre Saddam Hussein ne fut que symbolique. Trois mois après les bombardements de l'Irak, Khalifa reconstruisait des lycées à Bagdad. Pour Washington, cet émir trop absent, insaisissable, n'est plus un ami totalement sûr dans une zone où la confiance doit être absolue.

Ministre des Affaires étrangères dès 1995, Hamad bin Jassim bin Jaber Al-Thani, dit « HBJ », cousin du prince héritier, joue le premier rôle dans ce coup d'État. Pas très compliqué de monter un « coup » dans ce pays dont c'est la culture. Mais comment obtenir la « neutralité positive » de Washington et celle du voisin saoudien ? Le très malin HBJ prend langue avec un Libanais qui fait commerce à Doha.

Cet homme d'affaires très implanté aux États-Unis lui propose une solution : « Je me rends en Amérique pour discuter avec les membres les plus puissants de l'Aipac, l'association qui représente le lobby juif auprès des parlementaires américains. Voici mon plan : je demande à ces amis de plaider la cause de Hamad auprès de Bill Clinton afin qu'il le laisse renverser son père en douceur. La contrepartie sera l'engagement, par le nouveau monarque, de reconnaître Israël[1] et de faciliter le règlement du conflit avec les Palestiniens. » Marché conclu, le commis voyageur part pour Washington. Son plan fonctionne. Le département d'État accepte, permettant au passage de donner une petite leçon à l'Arabie saoudite, qui renâcle contre la présence de troupes américaines sur son territoire. À l'instant fatidique, les arrogants Saoudiens, qui détestent Hamad, sont bel et bien contraints de regarder ailleurs. Intérêt subsidiaire, sans le dire à HBJ, Washington a l'intention de faire du Qatar « un laboratoire du monde arabe »…

Khalifa, malgré ses malles pleines de milliards, perd son trône, Hamad est calife. À la promesse faite à l'Amérique, le nouveau roi ne se dérobe pas. Même si, parfois, la tentation d'agacer le maître qui règne sur les rives du Potomac existe. Hamad

---

1. Le site Al-Manar.com.lb rappelle que le quotidien israélien *Yediot Aharonot* du 28 mars 2013 a rapporté les propos d'un ancien patron du Mossad, Shabtaï Shavit. Selon lui, le Qatar « a joué un rôle historique en faveur d'Israël […] plus important que celui de la Grande-Bretagne ». La politique étrangère du Qatar est décrite par Shavit comme le levier arabe des politiques de Tel-Aviv et Washington.

a une « *green card* » gravée dans ses chromosomes : il est américain. Quant au lien avec Tel-Aviv, nous verrons bientôt qu'il l'a resserré au-delà même d'espoirs incrédules. Le *pronunciamiento* encore tout chaud, Doha reconnaît l'existence d'Israël et ouvre des représentations diplomatiques. Une révolution dans le monde arabe et singulièrement dans le Golfe. Sans parler de l'Arabie saoudite, qui voit dans cette politique « les effets du satanisme ».

En 2009, l'émir lui-même se rendra à deux pas du Mur des lamentations. Une visite « secrète » répondant à une invitation de Tzipi Livni, ministre des Affaires étrangères et cheville ouvrière de l'opération « Plomb durci » (le bombardement de Gaza qui a provoqué la mort de 1 330 Palestiniens, dont 895 civils et 350 enfants). Hélas, une vidéo est tournée pendant la rencontre et mise en ligne sur YouTube. Double peine, ce sont les fourbes de WikiLeaks qui reproduisent les propos tenus par le roi qatari à John Kerry, le malheureux candidat démocrate à la présidence des États-Unis, qui joue les Monsieur Bons offices dans la région et remplace aujourd'hui Hillary Clinton : « Les dirigeants israéliens doivent représenter le peuple d'Israël, qui lui-même ne peut faire confiance aux Arabes. C'est compréhensible, puisque les Israéliens sont menacés depuis très longtemps. » L'émir s'estime donc capable de « pousser le Hamas et de jouer un rôle précieux en tant qu'intermédiaire… Reste que les Israéliens devraient être félicités pour avoir le mérite de toujours vouloir aller vers la paix ». Cette publication des intimes convictions du cheikh Hamad fait beaucoup de malheureux parmi les internautes musulmans, qui voyaient en lui « l'espoir des croyants ». Dans son aventure avec Israël, l'émir poursuit sa politique du grand écart schizophrénique. Comme en 2009, alors qu'il se trouve à Jérusalem tel un voyageur clandestin et présente ses hommages à Tzipi Livni... alors que sa femme, la cheikha Moza, affecte de réunir des soutiens afin de poursuivre cette ministre des Affaires étrangères devant la Justice internationale pour crime de guerre.

CHAPITRE 3

Portraits de famille

Pendant longtemps le Qatar a été un minuscule vaisseau à triples commandes. L'émir en amiral, HBJ, le Premier ministre, en barreur et la cheikha Moza en figure de proue. Pour le Qatar la vitrine est essentielle. Mais le trio va devoir se décaler pour laisser de l'espace au prince héritier Tamim qui commence à battre des ailes et exige son rang. Pourtant, selon les experts de la cour, ce jeune homme est si ordinaire que ses détracteurs l'ont déjà baptisé « le roi Fade ».

Un homme qui possède 35 milliards de dollars ne saurait être fondamentalement mauvais, c'est forcément un chic type. Selon un *businessman*, dont les sources sont à Washington, telle est la fortune est bienheureux Premier ministre et ministre des Affaires étrangères du Qatar, Son Excellence Hamad bin Jassim bin Jaber Al-Thani, HBJ. Il partage les commandes du Qatar avec son cousin l'émir, dont il a organisé la prise de pouvoir. Dans la distribution des rôles, HBJ accepte volontiers d'être « le méchant ». Alors qu'il nous rapporte certaines scènes qui se sont déroulées lors de réunions de la Ligue arabe, un diplomate marocain s'étonne encore : « On n'a jamais vu une telle violence dans les discussions. Lors d'une rencontre au Caire, le Premier ministre qatari menace le représentant algérien, parce que son pays est réfractaire à des sanctions contre la Syrie : "Tais-toi, tu seras le prochain sur la liste !" » HBJ entraîne personnellement son sérail de diplomates, tous doivent être « des combattants pugnaces ». Jusqu'à ce qu'ils tombent sur un os. Un os russe, par exemple. À New York, au cours d'une séance de l'ONU, HBJ dicte à son représentant une phrase cinglante. La Syrie est encore en cause, le Qatar n'admet pas la position de Moscou qui refuse d'attaquer Bachar el-Assad. Excédé par les aboiements du ventriloque de HBJ, l'envoyé de Poutine réplique : « Et toi, tu es qui ? Le Qatar ? J'appuie sur un bouton et, hop, y a plus de Qatar ! » Consulté pour formuler une réplique, HBJ préfère passer la main : l'ours est encore un peu gros.

HBJ, le pirate

Né le 30 août 1959, HBJ est sans aucun doute le plus puissant et le plus doué des hommes politiques qui ont servi le Qatar depuis cinquante ans. S'il crie de temps en temps, pour l'essentiel HBJ écoute. En réalité, il guette et anticipe comme un joueur d'échecs. C'est lui le stratège de Doha, aussi puissant que son cousin mais ayant l'habileté de n'en rien laisser voir. Modeste, il n'a que deux épouses, six garçons et sept filles, treize enfants qui portent bonheur. Il commence sa carrière à un poste subalterne : directeur du bureau de « la » ministre des Affaires municipales et de l'Agriculture de 1982 à 1989. Alors que, en dehors de Doha, le Qatar est un désert sans « municipalités » ni paysans. Peu importe, HBJ, homme de devoir, s'accroche et devient ministre à la place de la ministre. Tout en gardant les Municipalités et l'Agriculture, il se hisse en tant que sous-ministre de l'Eau et de l'Électricité, puis devient vice-ministre. Au pays de la promotion par le cousinage, HBJ avance paradoxalement à la vitesse de l'escargot. Son échiquier n'est encore qu'un jeu de l'oie.

En 1992, propulsé enfin par la grâce de son cousin Hamad, HBJ saute subitement des cases et prend la tête du ministère des Affaires étrangères. Depuis ce poste, il va ficeler le complot, la chute du père. Pourtant, ce n'est qu'en 2007 que cet homme ambitieux atteindra le sommet. Quand Abdallah, demi-frère de l'émir Hamad, décide de quitter son poste de Premier ministre, HBJ lui succède.

Parallèlement à sa carrière politique, il est surtout le patron du casino royal, où les fonds publics deviennent privés. Le Premier ministre règne sur le monde enchanté qui a pour nom Qatar Investment Authority, qui détient près de 200 milliards d'actifs dans l'immobilier et dans des entreprises du monde entier. Si la confiance règne à Doha, elle va encore mieux en y adjoignant un bonus discret, celui d'une surveillance drastique de tous les modes de communication. HBJ et ses hommes sont informés de tout ce qui se trame non seulement à l'intérieur du pays, mais surtout dans les échanges entre Doha et l'étranger. Si nécessaire, on appelle à l'aide la NSA, la National Security Agency (les « grandes oreilles » américaines, qui écoutent et lisent les paroles et les mots les plus secrets de notre univers). L'émir et son cousin cultivent l'angoisse d'un putsch. Improbable, même si quelques militaires sont régulièrement arrêtés puis relâchés pour avoir, dit la rumeur, « tenu des propos séditieux ». Comme le commandant Renard dans le film *Casablanca*, on donne alors l'ordre d'arrêter « les suspects habituels » ! Une règle de sécurité veut que les deux patrons du pays ne quittent jamais Doha en même temps. Mais l'arrivée à maturité de Tamim élargit le tour de garde.

Le Premier ministre fréquente beaucoup moins Paris que son cousin l'émir. En France, « Numéro 2 » ne trouve pas de palaces assez luxueux pour l'accueillir. Tant que son hôtel particulier de la rue Saint-Dominique ne sera pas totalement restauré, le voyageur va préférer séjourner à Londres, ou à bord de son yacht *Al-Mirquab* qui, avec ses 133 m de long, trône au huitième rang mondial du hit-parade des salons flottants.

HBJ est le gardien du « pacte de 1995 », passé avec l'administration Clinton, qui exige que le

Qatar entretienne des relations diplomatiques avec Israël. Activer l'amitié avec l'État hébreu l'enchante, car il éprouve une passion modérée pour les Palestiniens. Un homme d'affaires, longtemps proche de lui, nous a livré un témoignage éclairant : « Un jour que j'étais dans son salon, j'ai été très étonné d'entendre Son Excellence s'écrier, en regardant des Palestiniens à la télévision : "Est-ce que ces cons-là vont encore nous emmerder pendant longtemps ?" » Doha qui, dès 1993, sous l'émir Khalifa, avait envisagé de vendre du gaz à l'État hébreu, n'a donc pas d'autre ligne politique au Moyen-Orient que de vivre en bonne intelligence avec Tel-Aviv. C'est la condition pour que le Qatar reste dans le premier cercle des amis de Washington. En 1991, Doha ressent une peur bleue. En envahissant le Koweït, Saddam Hussein démontre la fragilité de ces petits pays du Golfe dont la seule force est l'argent. Pour eux, le parapluie américain est indispensable. En dix-huit ans de pratique avec Doha, les Israéliens se sont habitués à avoir un ami dans cette région où ils n'en comptent aucun. HBJ entretient des relations avec une bonne partie des élus israéliens. Depuis qu'il a inauguré à Doha la représentation diplomatique de son pays, Shimon Peres continue de fréquenter cette capitale. Quant à Tzipi Livni, désormais chef du parti de droite Kadima et sans rancune envers la cheikha, elle vient ici faire du shopping dans les « *malls* » climatisés et rendre visite au palais.

Officiellement, le bureau des intérêts israéliens à Doha a été fermé en 2009 après l'épisode

« Plomb durci ». Mais des agents officieux continuent de travailler, installés dans les suites de grands hôtels. Dans le monde arabe, ceux qui veulent marquer leur mépris pour HBJ font circuler une légende : « Il possède une villa dans les environs de Tel-Aviv. »

Dans le proche entourage du premier qatari, personne ne remarque Nazar Najarian, un personnage discret mais homme de confiance. Cet Arménien a derrière lui une histoire chaotique. Pendant la guerre civile qui a brisé le Liban à partir de 1975 et pendant dix ans, ce jeune chrétien, officier des Forces libanaises, la milice du clan Gemayel, est un chef de guerre reconnu « pour son courage ». Il est aussi l'un des hommes de confiance du gang d'Élie Hobeika, chef des « services secrets » de cette même milice. C'est Hobeika qui, répondant à la demande d'Ariel Sharon, va expédier ses commandos exterminateurs dans les camps palestiniens de Sabra et Chatila pour y commettre un massacre en septembre 1982. Après avoir été, à Beyrouth, un héros de « la bataille de hôtels », Najarian dit « Nazo » est envoyé dans le sud du Liban. Voici ce que Robert Hatem, son compagnon d'armes, écrit de lui[1] : « Arrivé comme commandant de la région de Saïda, il se mit lui aussi à détourner de l'argent en se servant dans les caisses des Forces libanaises. Ses actes irresponsables signèrent le début du retrait chrétien de cette région. » En 1990, au moment du retour des

---

1. *Dans l'ombre d'Hobeika*, Robert M. Hatem, Jean Picollec, 2002, p. 27.

soldats syriens au Liban, « Nazo » et ses semblables sont exfiltrés en Israël. Jérusalem va rétrocéder cet « humaniste » à HBJ qui se montre enchanté du cadeau.

Parfois – toujours l'art de concilier les extrêmes –, la conduite du cousin de l'émir prend modèle sur le coup de pied de l'âne. Quand, en 2005, il parvient à convaincre les Israéliens de soutenir la candidature du Qatar au rang de « membre non permanent » du Conseil de sécurité de l'ONU, Tel-Aviv accepte. Pour déplorer très vite ce coup de piston qui se transforme en une petite trahison entre amis. Élu au Conseil, Doha – alors bien obligé de se ménager les grâces du voisin iranien – refuse de voter des sanctions contre Téhéran. En affaires, HBJ peut être tout aussi imprévisible, préférant acheter un diamant 43 millions de dollars à un courtier alors qu'un autre lui propose la même pierre pour beaucoup moins cher...

En accord avec son cousin, HBJ a transformé Doha en station de repos pour la plupart des extrémistes du globe. La seule condition d'admission est d'être islamiste. Outre un bureau de représentation des taliban, on trouve le Front islamique du salut algérien, plusieurs branches de fous de Dieu tchétchènes, des Syriens intégristes, et la liste de ces avatars est sans limite. Créez un « front islamique » et Doha vous donne un bureau, le gîte et le couvert.

Vladimir Poutine est le seul à mal digérer cet œcuménisme. Enragé de savoir que l'ancien président tchétchène, le terroriste islamiste Zelimkan

Iandarbiev, a ouvert une antenne à Doha, le patron du Kremlin envoie une équipe du FSB, le successeur du KGB, pour lui régler son compte. À l'heure du repas, une explosion met fin à la vie de ce saint homme. La fumée de la dynamite dissipée, deux agents de Poutine sont rattrapés par une patrouille : à Doha la police est rapide, elle roule en Porsche ou en Lamborghini. Quelque temps plus tard, imprudent, HBJ laisse partir pour Moscou une équipe sportive qui doit représenter le Qatar. Bien informé, Poutine lui-même téléphone à HBJ : « Si vous voulez retrouver votre équipe au complet, relâchez nos deux Russes ! » Et Doha a docilement laissé filer les exécuteurs du Tchétchène.

Sur la fidélité de son cousin, Son Excellence ne se fait pas trop d'illusions, mais il le juge ainsi : « Il est indispensable, c'est le plus intelligent de la bande. » Pourtant HBJ ne cache pas le peu de sympathie qu'il éprouve pour la cheikha Moza. Trop souvent, la seconde épouse, par lui ressentie comme une Madame Sans-Gêne, prend des initiatives et piétine les plates-bandes du Premier ministre. Elle pousse aussi son fils, l'héritier Tamim, dans les jambes du cousin. Mais la cheikha reste, quand la politique « d'ouverture » l'exige, « une idiote utile », comme on le disait jadis de ces intellectuels qui acceptaient de jouer les compagnons de route du parti communiste. Le logiciel de la favorite a été réglé pour qu'elle soit la devanture, celle qui indique l'ouverture, le rêve démocratique, la science, la connaissance, les arts et, bien sûr, les droits de l'homme. Si l'on devait croire ses laudateurs, la femme de l'émir serait, en beaucoup plus jolie, ce que Catherine II fut pour Voltaire.

HBJ s'entend mieux avec un taliban qu'avec Luc Ferry, l'un des philosophes favoris de la cheikha. Le Premier ministre croit à la politique de la trique et sait d'expérience qu'avec l'argent il n'y a que du possible. À Doha, des spécialistes de la cour ont interrogé les augures. Ils affirment : « Si l'émir, qui est malade, meurt, la cheikha Moza doit avoir un billet d'avion en poche pour décamper dans l'heure. »

Hélas, la muraille de dollars ne suffit pas à rendre la raison à quelques fous, comme Chris Bright, le directeur de la rédaction du *Jersey Evening Post* (*JEP*), le quotidien de cette île Anglo-Normande riche de ses banques *off-shore* et de ses 85 000 habitants. En novembre 2002, William Bailhache, ministre de la Justice de cet État-confetti et par ailleurs boulanger, veut interdire au *JEP* la publication d'un article sur un compte en banque peu catholique. Ce compte est détenu à Jersey par l'émir du Qatar mais, fraternel, HBJ se met en avant pour en revendiquer la propriété.

Le pataquès remonte à juillet 2000, quand la justice locale, alertée par la banque Standard Chartered, décide de geler 149 millions de dollars, considérés comme de l'« argent sale ». Selon l'enquête bancaire et policière, ce trésor provient de « commissions générées par des marchés d'armes ». Défendant la bonne marche des affaires, le ministre de la Justice de Jersey donne l'ordre aux magistrats de ne rien rendre public, et au *JEP* de s'aligner sur la consigne. Le dossier est chaud. HBJ s'en va pleurer sa misère jusque dans les couloirs du département d'État à Washington. Puis il verse d'autres larmes dans le mouchoir de Tony Blair, menaçant de suspendre l'accès à la base aérienne qatarie Al-Udaï, indispensable pour faire la guerre à l'Irak. Construite par le Qatar, qui a investi 2 milliards de dollars dans cette forteresse de la banlieue de Doha, Al-Udaï est la plus grande installation militaire américaine en dehors des États-Unis. Son contrat de location a fait l'objet d'un pacte secret entre Washington et l'émir[1]. Il semble même que Doha puisse mettre son veto à certaines opérations, comme le bombardement de l'Iran... Mais revenons à la querelle de Jersey où il y a urgence puisque le duo Bush-Blair se prépare à écraser Saddam Hussein. Pour qui l'ignore, depuis huit siècles la diplomatie des îles Anglo-Normandes est assurée par Londres. Cette fois le Foreign Office est dans ses petits souliers. Impossible de remettre un enjeu si stratégique en cause pour une histoire d'argent mal lavé.

Entre la liberté de la presse et l'amitié, Londres choisit le cœur. Jersey est priée de se soumettre et de rendre en silence les 149 millions de dollars. Bon prince, HBJ a déjà versé 6 millions pour les « frais de justice ». La guerre faite et l'Irak effacé de la carte, la cour royale de Jersey

---

1. À l'origine le Qatar avait l'intention de louer sa base à la France, mais Paris a préféré installer des forces à Djibouti.

finit, après quinze mois de bagarre, par donner raison aux journalistes du *JEP*. Le puissant Qatari est accusé par la cour d'avoir « dissimulé des informations capitales à la justice ». Étonnant que HBJ n'ait pas songé à acheter le journal... Finalement, affirmant avoir été « totalement concentré sur l'opération contre l'Irak », le Premier ministre renonce à faire appel. Consolation, il gagne un ami, le socialiste Blair. Tony va devenir un « apporteur d'affaires » et un « arbitre » pour Doha.

Voilà pour l'information publique. En réalité, selon un témoin qui fut un rouage de l'affaire[1], l'histoire est plus tordue. Le Foreign Office, jugeant le Qatar trop proche de la France, monte un piège. Il fait savoir à Jersey que l'argent déposé régulièrement dans l'île par les Qataris provient de « commissions sur des marchés d'armes ». Le procureur se met docilement en branle. Mieux, il alerte à Genève le fameux juge Bernard Bertossa, un chasseur d'argent noir. Saut de mouton judiciaire, Bertossa alerte Paris, puisqu'il semble que les millions de l'émir soient d'abord passés par la France. Au printemps 2002, le magistrat suisse demande le séquestre des comptes du Qatar à Paris. Le brûlant télégramme tombe sur le bureau de Lionel Jospin... Ouf ! il est en train de faire ses malles. Dans « la confusion de la succession », affirme un témoin, le juge Bertossa reçoit une réponse : « Circulez, il n'y a rien à séquestrer ! » Fin de la petite

---
1. Rencontre avec les auteurs.

histoire et commencement de la grande, l'arrivée en fanfare de Jacques Chirac à Doha, un lieu qu'il aime tant.

Tamim, la valeur montante

Diabétique, l'émir est l'homme malade de Doha. Cette fragilité entretient une guerre de succession qui agite le sérail. Les hommes de Tamim, l'héritier désigné en 2003, s'opposent aux mameluks du Premier ministre HBJ. Depuis 2010, l'émir s'est engagé de façon claire en faveur de son fils et l'héritier est publiquement encouragé à prendre toute sa place. Ce qui est trop pour HBJ qui, au fil des mois en 2012, a été plusieurs fois renvoyé au poste d'exécutant qui serait devenu le sien. Scandale lors d'une réunion des ambassadeurs qataris qui se tient à Doha. Face à ses diplomates, l'émir s'interroge : « Est-il là, notre Premier ministre ? Non, il n'est pas là. Ce n'est pas grave, c'est Tamim qui s'occupe de tout. »

Quelques mois auparavant, le roi de Doha est interrogé à la télévision qatarie, c'est-à-dire qu'il mène un auto-entretien. Et d'expliquer royalement : « Il ne faut pas confondre le *business* et la politique. Quand j'ai nommé le cheikh Hamad bin Jassim Premier ministre, je lui ai dit précisément : "Attention à respecter les frontières entre les affaires et la chose publique." Est-ce que, pour autant, il m'a écouté ? Je n'en suis pas sûr. » Apparemment, la voie est donc libre pour Tamim.

Désormais, les affidés du prince, rêvant à haute voix, donnent HBJ « partant dans les mois qui viennent ». Cheikh Hussein, le gendre du Premier ministre qui était à la tête de Qatar Media, a été écarté. « En lui laissant son argent, il faut trouver une porte de sortie au Premier ministre, dit encore le chœur des courtisans, qui précise cruellement : "sans humiliation inutile". » « HBJ mis sur la touche ? s'étonne un expert de la cour. Peut être. Si lui-même ne prend pas le pouvoir avant[1]. »

Ces dernières années, le prince héritier s'est investi et a investi dans trois secteurs : la défense, le sport et dans la Qatar Food Foundation. C'est lui qui a conseillé à son père de mettre le Qatar en short sur les terrains de football : « Regardez la Grande-Bretagne, le foot y est devenu une vraie culture. » Ce grand garçon a commencé à jouer au tennis. Plutôt bien quand ses adversaires le laissaient gagner. C'est sur les courts que lui est venu le goût de la sueur. De là à racheter le FC Barcelone, il n'y avait qu'un lob.

Diplômé de l'académie royale militaire de Sandhurst, Tamim aurait-il acquis à l'école une âme de stratège ? En tout cas, il se prépare et passe des alliances, par exemple avec le procureur général qui fait aussi fonction de ministre de la Justice, Ali Bin Fetais Al-Marri, avec lequel le prince a grandi. Il est également très proche du

---

[1]. Un des six fils de HBJ siège au conseil d'administration du Crédit Suisse.

puissant ministre des Finances, qui a la haute main sur les revenus du pétrole, disons plus simplement sur les comptes de famille. Mais le principal appui de l'héritier reste le ministre de l'Intérieur, Cheikh Abdallah, un conservateur pieux qui contrôle fermement la fort utile mouvance islamiste.

En 2012, encouragé par son père, Tamim lance avec succès quelques « scuds » contre HBJ et ses proches. Ainsi, dans le vaste champ de la corruption, il met en cause Al-Ghaneim, un proche du Premier ministre, un fidèle qui fut longtemps le patron de Qatari Diar. L'homme de confiance chargé de l'immobilier et du logement social. Et le démissionnaire Al-Ghaneim doit maintenant se cacher dans le maquis des beaux quartiers de Londres. D'autres procédures pourraient venir décimer les troupes de HBJ, les plus exposées aux frasques financières. Le plus difficile étant de traduire le mot « corruption » en dialecte qatari.

Dernier soubresaut de sérail, l'héritier lui-même prend ses distances avec sa mère, la cheikha Moza. Elle qui a tout mis en œuvre pour que Tamim soit roi. Au point d'être une mère abusive ? Notre expert bien en cour précise : « Dans ce pays misogyne, un fils qui pourrait apparaître comme étant encore dans les jupes de sa mère n'aurait aucune autorité. Si le prince parvient au pouvoir, la princesse devra retourner à ses fourneaux. »

Apparemment, le jeune Tamim s'émancipe de la tutelle maternelle. N'a-t-il pas assez de femmes à la maison ? Ne vient-il pas de prendre une troisième épouse ?

La cheikha, icône de la modernité

Seconde épouse de l'émir, la cheikha Moza bint Nasser Al-Missned est paradoxalement la « première dame » du Qatar. Son Altesse est une femme très séduisante, qui laisse même quelques boucles apparaître sous un élégant foulard, enveloppée dès qu'un vent frais souffle dans de somptueuses fourrures. Il y a peu, la seule marque Zili lui facturait 2 millions d'euros de peaux de bêtes par an[1]. Heureusement que Doha n'est pas en Laponie.

Lorsqu'en 1977 l'émir épouse Moza (un prénom qui fait rire bêtement les arabisants puisqu'il signifie « banane »), les noces ne sont pas sans arrière-pensées politiques. La jeune femme est la fille du principal opposant de la famille Al-Thani. Son père a connu la prison pour avoir, en 1964, proposé des réformes. Exilée, la jeune future princesse fait ses études au Koweït avant de travailler quelque temps en Libye. Au Proche-Orient, on trouve des témoins qui affirment que Kadhafi a été amoureux de la jeune femme. Les épousailles avec l'émir font donc taire quelques *chicayas* entre le clan des Al-Missned et les Al-Thani.

Depuis 1996 et l'avènement de son époux sur le trône, la cheikha dirige la Qatar Foundation : six

---
1. Témoignage d'un négociant auprès des auteurs.

cents hectares au cœur de Doha dédiés à la culture. Un amphithéâtre de cinq mille places, 7 milliards de dollars d'investissements et mille huit cents fonctionnaires travaillent pour la beauté de l'art. En créant la Cité de l'éducation, mille deux cents hectares, elle passe de la quintessence à la connaissance. Cette « reine » affecte d'être l'inspiratrice d'une mutation des outils du savoir qui fait que des universités et des instituts américains se sont délocalisés à Doha... En réalité, ce transfert n'a rien à voir avec les yeux de la cheikha, mais tout à faire avec ses dollars. Pour tout ce lobby universitaire *made in USA*, la première qualité de la dame est sa richesse.

Sous sa ferme mais douce férule, la princesse Mayassa, la préférée de ses sept enfants, a cultivé un goût pour l'art, penchant très extravagant sur cette terre désertique où l'*Angélus* de Millet est une œuvre d'avant-garde. La Qatar Museum Authority est dirigée par d'anciens responsables du Guggenheim de New York, ou encore des « ex » de la maison d'enchères Sotheby's. Mayassa a créé le musée d'Art islamique (MIA), construit par l'architecte Pei, le père de la grande pyramide du Louvre. Un écrin de marbre clair, enseigne et fierté du régime. Là, au Mathaf, désert dans le désert puisque le musée n'est visité qu'au compte-gouttes, sont regroupées six mille œuvres d'art. Souvent, le samedi soir, l'Orchestre philharmonique du Qatar joue du Debussy. Pour le seul plaisir de la cheikha, ou presque. Si les expatriés n'étaient pas rameutés pour faire masse, la salle de concert serait vide. Les musiciens sont recrutés pour un soir dans les plus grands orchestres du monde. *Idem* pour le maestro. Qui irait cracher sur un cachet de 100 000 euros ?

Lorsque la cheikha s'envole, seule, dans son A320 pour gagner l'Europe, les plus réactionnaires des Qataris ricanent. Paris est la véritable base arrière de la princesse. L'émir et son épouse ont acquis un superbe appartement rue de Rivoli, face au jardin des Tuileries et tout contre l'hôtel Meurice, qui abrite sa cour et lui livre des plats trois étoiles. Mais le monarque, qui se moque de se faire rouler en surpayant des immeubles, possède également une résidence à Marnes-la-Coquette et une villa à Mouans-Sartoux, près de Grasse, dans les Alpes-Maritimes.

En juin 2009, la princesse Moza est portée quai Conti, sous la Coupole. Élue membre de l'Académie des beaux-arts avec uniforme brodé, chapeau à plumes, épée et toute la panoplie rituelle. Cette élection rappelle le souvenir d'un mécène oublié, lui aussi élu à l'Académie il y a soixante ans. Quand on demandait à cet écrivain lucide, qui n'avait rien écrit d'autre que des lettres à ses parents, la raison de son entrée à l'Académie, il répondait : « parce que je suis riche et que j'ai donné de l'argent pour refaire les toitures »... Au palais des Quatre-Nations, on traite notre « académicienne » de la même façon. Roger Taillibert, l'un de ses confrères en épée, a joué un grand rôle dans l'élection de la jolie dame. Cet homme a le sabre reconnaissant : c'est lui, l'architecte du Parc des Princes, qui, à

Doha, a construit le pharaonique centre sportif baptisé Aspire. L'Académie française est d'ailleurs comme une petite famille : parmi les « membres étrangers » on trouve un autre architecte aimé au Qatar, le cher Ieoh Ming Pei.

Parfaite dans son rôle d'icône de l'ouverture, la cheikha appelait dans son discours de réception à « la réconciliation entre les civilisations ». Lisez la phrase qui suit avec attention : « L'humanité fait face à des défis sérieux, et qui contredisent les principes des droits de l'homme. Cependant l'énergie dont Dieu nous a dotés nous permettra de les surmonter. » Dans l'assistance, Rachida Dati, qui vient de quitter le gouvernement, est en extase. Et Ségolène Royal se rougit les paumes à force d'applaudir. Après cette cérémonie, le voyage d'État que fait la princesse aux côtés de son mari se poursuit pendant trois jours. Dîner à l'Élysée, réception à l'Hôtel de Ville. Au sommet de sa gloire, Son Altesse apparaît dans sa combinaison vert islam. « Du quai Conti au palais de Doha, les coupoles réussissent à cette femme formidable », conclut *Point de vue-Images du monde*, qui en connaît un rayon en « femmes formidables ».

Seule ombre dans cet amour fou Paris-Doha, la tension entre Son Altesse Moza et Carla Bruni. Quand un des conseillers de la cheikha fait savoir à l'Élysée que sa patronne ne souhaitait pas de tête-à-tête avec la nouvelle première dame de France, les cristaux des lustres ont tremblé. La raison de cette retenue ? « La princesse n'apprécie guère les femmes qui ont posé nues. »

En revanche, fidèles en amitié, l'émir et sa cheikha reçoivent volontiers Jacques Chirac, Dominique de Villepin et son ex-épouse l'artiste Marie-Laure. Lorsque le musée islamique de la jeune princesse Mayassa est inauguré à Doha, Villepin est l'invité d'honneur, et peu importe qu'à Paris, au même moment, le « poète » soit traduit en justice dans l'affaire Clearstream et menacé par Nicolas Sarkozy de finir pendu à « un croc de boucher ». Ce jour solennel, Mayassa s'adresse à Dominique de Villepin de manière filiale : « Lorsque j'étudiais à Sciences Po, à Paris, vous étiez à Matignon et vous vous êtes comporté comme un second père, en me recevant chaque soir dans votre bureau. » Devenu avocat après 2007, l'ancien locataire de Matignon n'aura que peu de peine à convaincre l'émir d'être son premier gros client. Et voilà « Dominique » nommé conseiller du roi en matière de « restructuration constitutionnelle ». La Constitution du Qatar, pays sans droit, attend toujours d'être totalement appliquée. La faute à un trop long temps de réflexion pris par Dominique ?

Dans les familles, les parents qui ne respectent pas l'égalité entre les frères ennemis vont au-devant de déboires. À la cour du Qatar, c'est la même chose. Apprenant l'onction de Villepin en tant que conseil, Nicolas Sarkozy téléphone à HBJ. Les deux hommes sont proches alors que l'émir est moins amateur de claques sur le ventre. « Pourquoi vous financez mes ennemis ? » hurle le président de la France. Et HBJ doit se fendre d'un voyage à Paris, pour apaiser le courroux du mari de Carla. Dans la galerie des amis indéfectibles de la cheikha, on trouve en première ligne Betty Lagardère, la veuve de Jean-Luc, qui est chez elle à Doha.

Pendant plus de dix ans, et jusqu'en 2010, la princesse exerce un véritable magistère. Nous avons évoqué la quête lancée en 2009, à la fois pour venir en aide à Gaza et exiger que Tzipi Livni soit jugée comme « criminelle de guerre ». Sur quelques mètres, la première dame a même défilé sur le boulevard de Doha pour « soutenir la Palestine ». À l'époque cet engagement renforçait l'image du Qatar comme supporter des causes des Arabes et des opprimés. Ce temps-là est fini, l'heure des barbus a sonné.

Pour la cheikha l'état de grâce est désormais une peau de chagrin. « On lui fait savoir, explique un intellectuel tunisien qui a vécu longtemps au Qatar, qu'elle doit réduire la voilure », manière subliminale de dire qu'elle devrait plutôt porter la *burka*. Amorcée depuis des années, avec la guerre civile en Algérie, la poussée des fondamentalistes devient perceptible même au Qatar. Les sorties de la cheikha dans les restaurants de la ville, ou ses voyages en solitaire vers l'Europe agacent les chefs de tribus qui veillent à l'observance du dogme coranique, surtout quand il s'applique aux autres. « Lorsque l'émir touchait la main de sa femme, ils tombaient tous en transe, furieux », explique un homme de cour.

Et, gros chagrin, le roi, cet homme admirable et si aimant, et religieux, a malgré tout pris une troisième épouse, ce qui l'occupe un peu. La cheikha tente pourtant de continuer d'exister. Ali Zainal, délégué permanent qatari à l'Unesco et homme de la princesse, a tenté de nous convaincre que « Son Altesse » restait sur l'Aventin. Cet ancien professeur de français se définissant comme « un combattant en faveur de la francophonie » puisque « l'incompréhension ne peut plus durer entre l'Orient et l'Occident » appelait à « l'union des intelligences de tous bords ». Le discours labellisé prononcé, le responsable nous laissait entrevoir « une action considérable de Son Altesse envers l'Unesco[1] ».

Pour la fin 2008, on annonçait un voyage de la cheikha à Paris. Lors d'une cérémonie solennelle, l'épouse de l'émir devait remettre un chèque colossal à l'Unesco. Un cadeau diabolique puisqu'il s'agissait de compenser le refus des États-Unis de payer leur part à cette organisation internationale. En effet, après l'acceptation de la Palestine comme membre de plein droit à l'Unesco, en 2011, les USA ont décidé un boycott. Une fois de plus, la souveraine met le doigt dans la blessure et provoque un Trafalgar à Washington et Jérusalem. HBJ est sommé de faire rentrer tout cela dans l'ordre. La cheikha déchire son chèque et son discours pour faire, quand même, un don important mais discret de 20 millions de dollars. Il était aussi prévu que l'élégante inaugure à Tulle l'usine Le Tanneur, rachetée par le fonds de luxe qui lui appartient. Voyage annulé : Moza désespère

---
1. Entretien avec les auteurs.

même la Corrèze. Depuis, les hommes de la cheikha en France ne répondent plus au téléphone. Et puisque l'émir roucoule avec sa nouvelle épouse, la discrétion qui sied aux lunes de miel reste de mise.

Un procureur raide comme la justice

Pour qu'aucun des princes qui règnent sur ce petit pays n'ait à supporter la moindre critique, une vigie prévient du plus ténu des persiflages. Homme clé du Qatar avec l'émir et le Premier ministre, ce guetteur essentiel est le procureur et ministre de la Justice. En toute simplicité et modestie il se présente ainsi : « Son Excellence Docteur Ali Bin Fetais Al-Marri ».

« Francophone et francophile », si le procureur est bien connu en France, c'est grâce aux relations amicales qu'il a entretenues avec notre Rachida Dati. À l'époque, la dame est garde des Sceaux, et passe de très nombreux week-ends à Doha, invitée permanente de « Son Excellence Docteur Ali… ». Certaines langues, bien mauvaises, affirmaient que « Docteur Ali » était le père de sa petite fille. Ce qui est faux puisque aujourd'hui, sur ce dossier intime, la maire du 7e arrondissement de Paris demande à Dominique Desseigne, le flamboyant dirigeant du groupe Barrière, de reconnaître son enfant… À Doha ou Paris, le ministre-procureur s'amusait des ragots : « Depuis la publication de ces pseudo-révélations, j'ai observé que les femmes me regardent quand j'entre dans une pièce. »

Ce juriste appartient à la tribu bédouine des Al-Marri. Son clan a fait allégeance à la famille Al-Thani, donc au pouvoir. Il ne dispose d'aucune marge d'action au sein du sérail, car, contrairement aux tribus « chics », comme celle des Attiya, celle du ministre du Pétrole, ou aux Derwish, clan des riches hommes d'affaires d'origine iranienne, les Al-Marri n'ont pas la chance de faire partie du gratin. Le ministre n'est qu'une manière de super-chaouch. À la demande des palais de Doha, c'est lui qui exécute judiciairement les gêneurs, les poursuivant pour « corruption », ce qui n'est guère difficile. Ainsi Mahmoud Bounab, le directeur tunisien de la chaîne Al-Jazira Jeunesse, lancée en 2005 par Lagardère et les Qataris, a-t-il été accusé des pires turpitudes. Sans l'ombre d'une preuve, ce malheureux jamais traduit en justice s'est retrouvé privé de passeport et empêché de rentrer en Tunisie. Endossant malgré lui le « ni-ni », un étrange statut apprécié des maîtres du Qatar, n'être ni jugé ni innocenté[1].

Lorsque l'émir somme « Son Excellence Docteur Ali » de renvoyer le proviseur du lycée Voltaire, un établissement lancé à Doha par la Mission laïque française, sous contrat avec l'Éducation nationale à Paris, un scandale sur lequel nous reviendrons, le ministre ne moufte pas et s'exécute. Il avale son chapeau et ses grandes phrases

---

1. Témoignages recueillis à Tunis par les auteurs.

régulièrement prononcées en France à propos de son « humanisme, son goût de la liberté et des Lumières ». Oublié, son enthousiasme pour Napoléon, de Gaulle, le Louvre et les fromages... Car notre ministre de la « Justice » se veut un peu français, depuis qu'en 1997 il a soutenu une thèse de doctorat en droit à la Sorbonne, sous un titre qui fait rêver : *Les Frontières terrestres de la péninsule arabique*. On s'imagine chevauchant avec Lawrence, ou poussé par les voiles de Rimbaud ou Monfreid. Ce qui est surprenant, dans la présentation de la thèse faite sur Internet, c'est qu'en petits caractères apparaît le nom d'un coauteur, Jean-Pierre Quéneudec. Et l'on se demande bien pourquoi ce contributeur est resté si discret alors que, quinze années plus tard, il va devenir « professeur émérite », toujours à la Sorbonne, et aussi « président de l'Académie de marine ». Rien que de hautes charges. Étonnante, cette discrétion thésarde pour un professeur et chercheur si renommé ? Éminent jusqu'à être désigné, en 1994, par le Qatar pour le compte duquel il intervient comme expert dans un procès devant la Cour internationale de justice. Affaire importante puisqu'on demande au Tribunal de La Haye de trancher les litiges frontaliers entre le Qatar et Bahreïn. Une querelle de clocher récurrente dont l'enjeu vaut des milliards : le prix du gaz.

On ignore quel rôle le grand professeur Quéneudec et son coauteur « Docteur Ali » ont joué dans cette partie. En revanche, ce que l'on sait aujourd'hui, c'est qu'au départ de ce procès de

« fausses pièces » ont été fournies par Doha aux experts chargés d'éclairer la cour internationale de justice. Pour le Qatar, c'est le drame, le risque de perdre un espace maritime dont on connaît la richesse du sous-sol. L'ancien directeur de cabinet d'un ministre français, aux affaires à l'époque, nous livre la fin de l'histoire : « Cette duperie tentée par Doha était vraiment une sale histoire. Pour eux une catastrophe. Nous-mêmes, amis du Qatar, ne savions que faire pour les aider... Heureusement il s'est trouvé un magicien, Jean-Paul Soulié, un vieil habitué de Doha, qui les a sortis de leur mensonge. Aujourd'hui encore, j'ignore comment il a fait pour effacer l'ardoise... » La magie a permis au Qatar d'éviter de perdre un tiers de ses réserves en énergie. Ce qui fait beaucoup d'équipes en équivalent footballeurs[1].

Rescapé de cet épisode, Ali Fetais, notre procureur, continue son bonhomme de chemin : pratiquant l'arbitraire à Doha et la démocratie dans les salons à Paris. Paroles qui portent puisqu'un lobby français a agi de telle sorte que notre « Docteur Ali » a été nommé représentant auprès de l'ONU sur le dossier des « biens mal acquis ». Ces trésors volés sont des châteaux, des immeubles, des sociétés, des yachts ou des voitures de sport achetés par des potentats en Europe avec les ressources

---

[1]. L'énorme bulle de gaz qui, sous terre, s'allonge du Qatar à l'Iran selon les experts, se diviserait ainsi : 80 % des réserves pour Téhéran et 20 % pour Doha... Au pays des ayatollahs on compte discrètement les millions de mètres cubes extraits par l'émir. Gare à lui s'il se montre trop gourmand.

volées à leurs peuples. La définition du délit paraissant parfaitement coller à la politique pratiquée par les maîtres du Qatar, nous avons posé la question à un ami du ministre. Sa réponse : « Quand l'émir achète un immeuble avec l'argent de son pays, on ne peut comparer son geste à celui, par exemple, d'un président d'une république africaine. Le Qatar est une monarchie, l'émir fait ce qu'il veut. » Avis aux présidents voleurs, faites vous sacrer rois !

CHAPITRE 4

La télé qui possédait un État

Contrairement à la légende, l'idée de lancer la chaîne Al-Jazira n'est pas issue d'un *eurêka* poussé par l'émir Hamad, par ailleurs homme intelligent. Le concept de cette « arme » de presse a une origine déroutante. Elle est la conséquence inattendue de l'assassinat du Premier ministre israélien Yitzhak Rabin, en novembre 1995. Au lendemain de ce crime, deux frères franco-israéliens, David et Jean Frydman, décident de « faire tout ce qu'ils peuvent pour que la paix s'établisse entre Israël et la Palestine ». Pour atteindre leur objectif, ces hommes de communication, qui ont contribué à la création de plusieurs grands médias français, choisissent ce qu'ils manient le mieux : la presse. Ils estiment que, si CNN tente d'unifier le monde autoproclamé démocratique autour de l'Amérique, une chaîne satellitaire arabe pourrait donner, elle aussi, une image apaisée du monde musulman. Et, pourquoi pas, glisser un message : « Il est temps de faire la paix avec Israël. »

L'idée de cette chaîne panarabe n'est pas inédite puisque, au même moment, l'Arabie saoudite travaille sur un projet identique. Une télévision d'information continue, dont le nom de code est « Orbit ». Un groupe de journalistes, tous arabisants, a déjà été recruté. Mais les Saoudiens prennent subitement peur de leur propre audace, dans la cohorte de princes qui gouvernent, beaucoup font la grimace. Pour eux une télévision ne devrait diffuser que des sourates. « Orbit » est placée en sommeil.

C'est à ce moment-là que les frères Frydman ficellent leur propre maquette. Par le biais d'amis américains, ces membres de l'Aipac qui viennent d'aider l'émir du Qatar dans son coup d'État, ils transmettent le projet à Doha. Le cheikh Hamad, qui s'est engagé à soutenir les États-Unis et à ne pas bafouer Israël, trouve là un projet idéal pour renvoyer l'ascenseur à ses sponsors et ouvrir les portes du monde arabe à Israël. D'ailleurs l'émir Hamad trouve que la télévision est vraiment une chose épatante, elle lui a permis de conforter son pouvoir. En 1995, lors du coup d'État contre son père, il a utilisé les ruses de la télé quand elle manipule l'information. L'avant-veille du jour prévu pour le putsch, le prince, si poli, téléphone à son père qui se trouve en Suisse. Le soir, afin de leur donner des nouvelles du cher émir, le fils convoque les notables du pays. Cette rencontre où les sages des tribus embrassent Hamad, filmée avec une grande minutie, n'est pourtant pas portée à l'écran. Le patron de la télé a reçu l'ordre de garder le sujet sous le coude. Ce n'est que quelques heures après le *pronunciamiento* que la bande filmée est diffusée par la télévision de Doha, dans les conditions d'un « faux direct ». Le message des images est le suivant : « Voyez, la page est tournée, chacun embrasse déjà le nouvel émir. »

Dans une première étape il est prévu que les frères Frydman soient les opérateurs, et Hamad Al-Thani doit leur accorder un prêt de 150 millions de dollars. Hélas, la création de cette *joint-venture* s'ébruite et les voisins de Riyad mettent tout leur poids et celui de leur propagande – « Doha va lancer une chaîne juive » – pour faire capoter le projet. Tous les pays qui sont redevables à l'Arabie saoudite – ils sont nombreux – sont sommés de refuser de verser un centime de pub à la télé qatarie. Et, si possible, d'en bloquer la diffusion. L'émir sait que les Frydman vont dans le mur. Désolé, il prie les frères de rester dans la coulisse. Doha va prendre en charge la globalité du lancement et tous les risques politico-financiers. Tout ira très vite. Baptisée Al-Jazira, « l'île » en arabe, elle émet en novembre 1996, un an après la mort de Rabin.

Un conseiller discret veille au bon développement idéologique de cette TV satellitaire : Mahmoud Jibril. Un Libyen que l'on retrouvera, quinze ans plus tard, comme président du Comité national de transition de son pays au moment du « printemps arabe ». Il prendra alors la pose sur les marches de l'Élysée. Après avoir fait des études d'économie et de sciences politiques au Caire, puis soutenu une thèse de doctorat sur la « Planification stratégique » à Pittsburgh, Jibril devient un pion de la diplomatie américaine dans le monde musulman, notamment par le truchement de sa société « JTrack ». C'est en œil de Washington qu'il veille au grain à Doha. Tout en dispensant le même type de conseils du Maroc à l'Asie. En 2007 il devra abandonner cette mission pour devenir le « garde-fou » de Kadhafi, toujours à la demande des États-Unis. Que les Américains, dès le lancement d'Al-Jazira, aient donné une clé de la chaîne à Jibril montre que cette télévision est bien un incubateur qui doit changer l'ordre des choses au Moyen-Orient. C'est son cahier des charges.

Benoîtement, l'émir ne se cache pas d'utiliser cette entreprise de presse comme un outil diplomatique : « C'est exact que, très souvent, il y a identité d'analyse entre moi et Al-Jazira. » Les petits malins de WikiLeaks, ceux qui écoutent aux portes des gouvernements, ont permis de préciser la politique d'Al-Thani. Le contenu des télégrammes dévoilés montre que cette télévision est d'abord une arme politique de persuasion massive.

Sur le plan opérationnel, dès sa création, l'outil idéologique est confié à un garçon très sûr, le cheikh Hamad bin Thamer Al-Thani, un cousin de l'émir. Cet homme élégant se glorifie de ses diplômes et de son expérience. Le parchemin, c'est celui délivré par la section journalisme – elle existe – de l'université de Doha. Son premier emploi, Hamad bin Thamer le décroche au ministère de l'Information où il est chargé de la censure et de la surveillance des journalistes. Le journaliste bin Thamer, surnommé « la Voix de son maître », rencontre l'émir « au moins une fois par semaine et parfois tous les jours », indique un diplomate. Le Qatar a mondialisé l'ORTF.

Le paradoxe, qui est ici la ligne générale de la politique, exige d'écrire que, dans ces premières années de fonctionnement, Al-Jazira a été une chaîne surprenante, avec des audaces. On n'attrape pas les mouches avec du vinaigre : pour être regardée la machine de presse de Doha doit totalement se démarquer des télévisions nationales. Défi pas très difficile à relever puisque tous ces écrans sont voués au mensonge et à la flagornerie. Panarabisme et fierté musulmane sont donc les deux piliers d'Al-Jazira dans un univers arabe complexé par des défaites successives contre l'Occident, de Nasser en 1967 à Saddam Hussein de 1991 à 2003. L'antenne représente un sursaut de la Oumma, la communauté des croyants. Sur les écrans, on découvre que les femmes arabes ne sont pas toutes des ménagères asservies et nappées sous un voile. Robe à fleurs et élégante veste mauve, la présentatrice algérienne qui travaille pour Al-Jazira pourrait présenter les journaux de la BBC. Pas de voile dans cette rédaction affranchie, ni d'appel à la prière lancé le vendredi à l'antenne. Des vieux militants laïcs et nationalistes, néo-nassériens ou néo-baassistes, tombent eux-mêmes sous le charme de la voix de Doha. Propre à affaiblir les tyrans arabes – c'est son premier objectif – et à glorifier la juste lutte des Palestiniens, le seul ciment, l'unique cause théoriquement partagée entre les nations arabes.

La nouvelle « Voix des Arabes », qui se veut l'égale de CNN, fait de cette résistance palestinienne l'épicentre de ses programmes. Trois correspondants couvrent l'Intifada et dénoncent les « injustices » et la « barbarie » d'Israël. Lorsque les équipes d'Al-Jazira, formées de journalistes particulièrement insensibles à la peur, sont installées en Irak en 1998, elles filment les bombardements anglo-américains à bout portant. Et décrivent, contre l'opinion des médias globalisés, la réalité de ces « frappes ». Les missiles ne détruisent pas des armes de destruction massives, qui n'existent pas, mais tuent des civils, des femmes, des vieux et des enfants. Cette indépendance vaut à l'émir des demandes d'explication de Washington. Le roi réplique : « Je ne peux être crédible sans prendre, quand c'est le moment, la défense de la nation arabe. » Il y a du Machiavel dans cet Al-Thani, et les hommes de Bill Clinton passent l'éponge.

Carte blanche, qui est alors l'émission phare de la chaîne, n'hésite pas à traiter de sujets brûlants : les prisonniers de Guantanamo, le rôle des agents occidentaux dans le Golfe ou les mariages mixtes entre Juifs et Arabes. Lors d'entretiens très polémiques, le journaliste-vedette, Fayçal Al-Quassem, un Syrien éduqué en Grande-Bretagne, provoque la colère des pays frères, et même le départ précipité de quelques ambassadeurs. Fayçal déclare : « Notre culture n'est pas démocratique mais dictatoriale et unilatérale. À la maison, le fils s'incline devant le père et la fille devant la mère. À la mosquée, on ne peut pas débattre avec des imams moyenâgeux. Le *leadership* arabe a castré tout le monde. » Dans les dictatures du monde arabe, pudiquement baptisées « régimes autoritaires », on s'inquiète et se demande où l'émir veut en venir. Riyad envisage de patronner un coup d'État.

Un ancien Premier ministre algérien, aux commandes durant la décennie noire, celle de la guerre civile où 150 000 personnes trouvèrent une fin tragique, est malmené, sonné par les questions en direct sur le plateau d'Al-Jazira. On l'accuse d'avoir « ouvert 1 756 centres de torture ». Furieux, l'ancien responsable se lève et claque la porte en dénonçant la chaîne comme « un instrument de folklore ». Malgré ces secousses, Sa Majesté Al-Thani soutient sa rédaction, et vient régulièrement s'enquérir sur place de ses besoins. Son pari est réussi, son image excellente. Les journalistes venus d'Argentine ou du Japon s'extasient sur le bijou d'information monté par l'émir, vu comme un Voltaire en djellaba. Dans un documentaire réalisé en 2002, les journalistes d'Arte évoquent, à juste titre, « une télé qui ose » et « qui apporte la contradiction ». « Al-Jazira est plus grande que le Qatar », conclut Tewfik Hakem, le réalisateur du reportage. Un journaliste algérien qui, en son temps, fut une star de cette CNN arabe avant de démissionner, revient, avec huit années de recul, sur la stratégie qui était alors celle de sa chaîne : « Nous étions quelques-uns à l'avoir comprise, mais, pour un analyste extérieur, il était impossible de déceler la vraie stratégie d'Al-Thani et de ses amis étrangers. C'était celle-ci : en faisant une télévision qui défrise, décoiffe, bouscule et provoque, nous allions ainsi former des esprits nouveaux pour séparer les peuples de leurs tyrans. Ces derniers déboulonnés, il serait temps alors de montrer un autre visage. Celui de l'islam pur et dur. » George Bush, le successeur de Clinton, est connu pour avoir la tête proche du bonnet et ne pas aimer qu'on vienne « pisser dans ses bottes ». Ce que fait, à ses yeux, Al-Jazira. Par exemple en offrant une tribune permanente à Ben Laden ou en réalisant une couverture « non appropriée » de la campagne conduite contre al-Qaida en Afghanistan en 2001. La colère est si vive que les chaînes américaines, pourtant des entreprises privées, sont priées de ne pas diffuser d'images filmées par Al-Jazira. Bien pis, l'armée américaine est autorisée à considérer les installations de cette télé rebelle comme des cibles. Le 3 octobre 2001, Colin Powell, le secrétaire d'État chargé d'officialiser les mensonges (souvenons-nous des tubes agités par lui à l'ONU et qui contenaient, nous disait ce Pinocchio, des éléments d'armes de destruction massive irakiennes), et d'accomplir les basses œuvres, téléphone à l'émir. Il le menace : « Ou vous dites à vos employés de changer d'optique, ou on les fout en l'air. » Histoire de montrer qu'il ne plaisante pas, Colin Powell laisse ses collègues militaires bombarder les bureaux d'Al-Jazira à Kaboul. « J'ai clairement compris le message », avouera le patron de la chaîne.

La vengeance tombe aussi sur un journaliste qui est devenu un héros, Tayssir Allouni. Il a réalisé de fameux reportages depuis Kaboul et interviewé Ben Laden. Alors qu'il est en Espagne, où il a une résidence, le reporter est arrêté et condamné pour « complicité de terrorisme ». On lui fait un reproche étrange, celui de s'être adressé à Ben Laden « comme un subordonné face à un chef »... Alors qu'il se trouve au Pakistan, Sami al-Haj, autre journaliste travaillant sous la bannière qatarie est raflé par les forces spéciales américaines et transféré dans un centre de rétention illégal, celui de Guantanamo. Sans charge ni jugement, et dans l'indifférence des démocrates et des journalistes en particulier, il va rester sept ans dans cet horrible bagne.

La dernière crise d'indépendance d'Al-Jazira a pour décor Bagdad. Là, nous retrouvons un dirigeant délicat et cultivé, George Bush, entouré de ses stratèges Dick Cheney et Donald Rumsfeld. Avec leur compère Paul Wolfowitz, ces derniers ont un jour décidé de « redessiner » le Moyen-Orient, de l'Iran au Maroc. On va commencer le chantier par l'Irak de Saddam. Ces éminences très grises, en dépit de leurs diplômes et de bataillons de conseillers, n'ont pas imaginé que chasser le sunnite Saddam revenait à livrer le pouvoir aux chiites, la communauté la plus nombreuse. À la foi identique à celle qui prévaut en Iran. Cette élection d'un pouvoir chiite à Bagdad fait enrager l'émir du Qatar, champion du sunnisme wahhabite. Notre roi va donc faire de la résistance. Partout, en Irak, les intrépides reporters de la chaîne de Doha filment les bavures et démontent les mensonges de la « communauté internationale ». Réplique immédiate, en avril 2003 le bureau de la télé est délibérément bombardé. Frappe qui provoque la mort d'un journaliste, Tariq Ayyoub. Hors de lui, Bush veut « liquider Al-Jazira ». Mieux, il envisage de lancer des missiles contre le siège de la chaîne à Doha ! Heureusement, son ami Tony Blair le dissuade de cette folie. N'oublions pas que les avions qui, à Bagdad, ont bombardé la télé du Qatar ont décollé de Doha ! C'est là que sont installés le gigantesque Centcom et la base étatsunienne Al-Udaï... Si l'émir se fâche un peu trop et ferme les pistes aux avions, Saddam gagne la guerre.

À la fin de l'année 2003, le fiasco de la campagne d'Irak en voie d'accomplissement, Washington siffle la fin de la récréation. Et pour de bon. L'émir et HBJ sont mis au garde-à-vous : Al-Jazira doit maintenant soutenir sans défaut la politique américaine. L'ordre tombe à pic. Il cadre avec le changement de cap décidé par Doha.

Accusé « de collusion et de complicité » avec Saddam Hussein, Mohamed Jassem Al-Ali, le directeur de la chaîne de Doha, est débarqué en 2003. Dans cette comédie il accepte de porter le chapeau et conserve un poste au conseil d'administration. Wadah Khanfar, un Palestinien qui fut naguère le porte-parole des Frères musulmans en Jordanie, devient le patron de la rédaction. Il purge lentement la chaîne de ses journalistes les plus laïcs, comme le Libanais Michel Kik, le représentant à Paris, dont il aura la peau à l'usure. Des présentatrices voilées apparaissent à l'antenne. À la télé de Doha, le directeur de la rédaction, c'est maintenant Dieu. La chaîne se transforme en forum religieux. Une sacristie avec débat permanent sur les préconisations de la *charia*. L'autre consigne, pour mieux pousser les dictateurs arabes dehors, est de donner, jusqu'à la nausée, la parole à tous les opposants, mais de préférence islamistes. Le vrai rebelle, comme l'Algérien Abassi Madani (cofondateur du Front islamique du salut), est forcément un religieux.

En 2006, pour damer le pion à la BBC et à CNN, une troisième chaîne vient s'ajouter au chapelet de Doha. La première, c'est l'« arme » que l'on connaît ; la seconde, Al-Jazira Sport, est née en 2003 avec de grandes ambitions ; la troisième, satellitaire et d'information continue, est en langue anglaise. Son contenu est moins « islamique », mais sa volonté de changer les chefs d'État, ceux que l'émir n'aime pas, est tout aussi présente. Enfin, quand Doha lance Al-Jazira Children, placée sous le contrôle de la cheikha Moza, d'aucuns vont subrepticement tenter de « catéchiser » l'enfance. Ainsi équipé, le groupe Al-Jazira touchera alors près de 100 millions de téléspectateurs. Et ce n'est qu'un début : le combat continue !

On allait l'oublier mais il est bien là, fidèle aux postes cathodiques, l'inoxydable mufti Youssef Qaradawi, le prêcheur en chef d'Al-Jazira. De 1996 à 2003, tant que l'hypermédia de Doha semblait soutenir une forme de « modernité », les sermons et conseils de Qaradawi, ses avis émis du haut de son émission *La Charia et la vie* semblaient être une simple concession accordée aux religieux. Comme en France la sainte messe diffusée sur le service public. Personne n'avait compris qu'en réalité l'imam était l'essence même de la chaîne, le cœur de son réacteur. Le but est de demander à Allah de gouverner le monde. Une solution qui plaît à la si religieuse Amérique qui, au fil de l'histoire, a toujours combattu les gouvernements arabes laïcs, Nasser étant l'antéchrist[1]. Mais, dans le monde musulman, du Perse Mossadegh, Premier ministre iranien assez fou pour nationaliser le pétrole en 1951, au sunnite Saddam Hussein, les laïcs ont toujours été les ennemis de Washington.

Youssef Qaradawi est un Égyptien né le 9 septembre 1926. Membre très actif des Frères musulmans, il consacre sa vie au triomphe politique de l'islam. Impliqué dans une tentative d'assassinat contre Nasser, il fait quatre séjours en prison. En 1960, il soutient une thèse sur la *zakât* (la charité), et le rôle essentiel de cette dernière pour résoudre tous les problèmes sociaux. Déchu de sa nationalité, il trouve son bonheur sur le chemin de Doha où il vit depuis 1970.

En 1990 le religieux polygraphe publie un *bestseller* dont les échos arrivent jusqu'en France *Le Licite et l'illicite*. Une sorte de mode d'emploi essentiel pour vous diriger vers le ciel. Au demeurant, si les passages les plus « hards » ont été expurgés de l'édition française, les homosexuels y sont

---

1. Lire à ce propos *L'Ultimatum, fin d'un monde ou fin du monde ?*, général Alain de Gaigneron de Marolles, Plon, 1991.

néanmoins qualifiés d'« êtres nocifs ». Quant au dressage des femmes, occupation qui semble préoccuper les islamistes, il est décrit par le menu. Celui qui, en appliquant les recettes de Qaradawi, n'obtient pas d'épouse soumise n'est pas digne de se marier. Dompter les créatures n'est pourtant pas difficile. Exemple : « L'époux doit tenter de rectifier de son mieux l'attitude de son épouse à l'aide de mots choisis, en usant de persuasion subtile et en raisonnant. En cas d'échec, il devra faire couche séparée, tâchant ainsi d'éveiller son agréable nature féminine de façon [...] que la sérénité soit restaurée. Si cette approche échoue, il lui est permis de la battre légèrement, avec les mains, en prenant soin d'éviter le visage ou d'autres parties sensibles. En aucun cas, il ne pourra user d'une canne ou d'aucun autre instrument pouvant causer la douleur ou la blesser. » Dans sa préface publiée en hors-d'œuvre d'une *Encyclopédie de la femme*, bien sûr rédigée par un imam, Qaradawi écrit son kama-sutra sacré en précisant un peu l'art « des petites ou des grandes fessées ».

En 2004, notre prédicateur gifleur et fesseur est interdit de séjour en Grande-Bretagne, qui découvre un peu tard que les fous de Dieu sont déjà bien assez nombreux dans le pays. Comme le raconte Naoufel Brahimi El Mili dans son livre décapant sur le « printemps arabe[1] », le mufti est allé loin en qualifiant les attentats suicide « d'arme

---
1. *Le Printemps arabe, une manipulation ?*, Naoufel Brahimi El Mili, *op. cit.*

donnée par Dieu aux pauvres pour combattre les forts ». Présenter Qaradawi en politologue n'a pas convaincu le Foreign Office. Sur le judaïsme, le saint homme est tout aussi nuancé. Dans un prêche sur Al-Jazira, il lance : « Tout au long de l'histoire, Allah a imposé aux juifs des personnes qui les puniraient de leur corruption. Le dernier châtiment a été imposé par Hitler. Avec tout ce qu'il leur a fait – et bien que les juifs aient exagéré les faits – il a réussi à les remettre à leur place. C'était un châtiment divin. Et si Allah le veut, la prochaine fois, ce sera de la main des musulmans. » Le jour où HBJ, le Premier ministre, rencontre Shimon Peres à Doha, l'imam lance à l'antenne : « Notre dirigeant devrait maintenant se laver les mains sept fois de suite »…

Telles sont la pensée politique et l'intime conviction de ce prédicateur suivi par des dizaines de milliers de fidèles dans le monde arabe. En chair et en os, on va même retrouver Qaradawi en train de diriger la prière des « rebelles », place Tahrir, au Caire, le 18 février 2011. Malin mais pas fou, Qaradawi sait aussi pratiquer la nuance, quand la réputation de l'émirat l'exige. Ainsi, alors que de nombreux chefs salafistes exultent, lui n'applaudit pas aux attentats du 11-Septembre.

L'Algérienne Asma Ben Kada, aujourd'hui députée du FLN à l'Assemblée populaire algérienne, ancienne femme de Qaradawi, a un jugement plus tranché sur le centrisme de son ex-époux : « Pour moi, c'est un agent d'influence, d'ailleurs il a fait un voyage secret en Israël début 2010. » L'épouse déçue affirme que le mufti, qui dirige aussi l'Union internationale des oulémas, a obtenu un « certificat d'appréciation » du Congrès américain. « La preuve que c'est un agent, c'est qu'il ne figure pas sur la liste des personnes indésirables aux USA. » Pourtant, l'histoire entre Asma et Youssef avait bien débuté. En 1991, le cheikh Qaradawi doit se rendre à Alger, convoqué comme une star à la « Conférence islamique de la pensée ». Pour Youssef, c'est aussi l'occasion de retrouver Asma, alors sa promise. Faute de vol direct, le religieux fait une escale de quelques heures à Paris. Au volant d'une limousine, un employé du groupe de finances islamiques, El Baraka, est prié d'aller attendre le saint vivant à Roissy. Puis c'est une étape à l'hôtel George V où une suite lui a été réservée. Dans sa chambre, puisque c'est l'heure, Qaradawi demande la direction de La Mecque afin de prier. On lui indique un point au hasard. Son invocation montée au ciel, l'imam est conduit aux Galeries Lafayette où il souhaite « faire du shopping ». Arrivé, il demande la direction du rayon lingerie. L'oracle fait une rafle dans la dentelle, de préférence noire. Puis gagne Orly, heureux, pour s'envoler vers Alger où Asma, alors bien loin du FLN mais bien proche du Front islamique du salut, n'est encore que tendresse.

Nouvelles dentelles ? À l'automne 2012, l'infatigable et séduisant prédicateur de quatre-vingt-six ans se marie, pour la septième fois, avec une Marocaine de quarante-neuf ans. C'est l'occasion pour le savant religieux de se replonger dans ses propres écrits. Par exemple ceux où il exprime son jugement coranique sur la fellation. Et rappelle que cette pratique est « parfaitement autorisée entre un homme et une femme consentants ». Comme le diable, Qaradawi se niche dans les détails, qui ne peuvent être triviaux puisqu'ils sont saints : « S'il s'agit d'embrasser le pénis, les musulmans l'ont admis, ce n'est pas un mal. Si le but est l'éjaculation, c'est détestable. Mais on ne peut pas l'interdire. » Voilà un directeur de conscience comme on les aime.

C'est là le guide qui, par le truchement des ondes d'Al-Jazira, a abreuvé et abreuve encore des centaines de milliers de musulmans. Ce savant est aussi la voix de l'émir et de la si humaniste cheikha. Parmi les grands défenseurs des « droits de l'homme », ceux qui se bousculent à Doha ou à Paris, dans les salons de l'ambassade de la rue de Tilsitt, nul n'a jamais eu un instant de libre pour interroger ses hôtes sur les discours tenus par le guide spirituel du Qatar[1]…

C'est sous les applaudissements de la « communauté internationale » que l'émir a lancé pour Al-Jazira une antenne de plus, cette fois en Bosnie[2]. Pourquoi donc ce petit pays ? Un foyer de l'islam que les Ottomans ont enrichi, converti, puis laissé derrière eux après colonisation. Pour le Qatar,

---

1. Le 21 mars 2013, appliquant une *fatwa* lancée par Qaradawi, un kamikaze s'est fait exploser dans une mosquée de Damas, provoquant la mort d'un érudit, l'imam Al-Bouti, et d'une soixantaine de fidèles.

2. Dans les mois qui viennent Al-Jazira va également lancer un programme en turc et en swahili, langue parlée en République démocratique du Congo et, au-delà, dans plusieurs pays de l'Est africain.

réactiver une foi bien trop molle au cœur de l'Europe est un souci premier. Demain, c'est aux États-Unis qu'Al-Jazira va étendre ses ondes. L'émir a racheté Current TV, la chaîne de télévision de l'ex-président des États-Unis – élu mais non proclamé par la Cour suprême – Al Gore. La question est posée : si les sermons de Qaradawi sont traduits en anglais, va-t-il faire la nique aux plus cotés des télévangélistes ? On nous promet même une version d'Al-Jazira qui, depuis Tunis, la nouvelle colonie de Doha, émettrait en français. Une calamité que Sarkozy avait toujours réussi à repousser.

Une anecdote permet de mesurer la place prise par Al-Jazira dans l'imaginaire de nos élus qui ne parlent pas une syllabe d'arabe. La scène se passe au Sénat, lors de l'examen d'un surprenant texte de loi qui prévoit que les Qataris n'auront pas à payer de taxes sur leurs plus-values immobilières… Voilà que le trop méconnu Adrien Gouteyron, le rapporteur UMP du projet, s'exalte pour convaincre ses collègues de bien voter. Il évoque Al-Jazira et affirme, en expert : « La chaîne qatarie a révolutionné la scène médiatique arabe, transformé les mentalités et représenté un formidable vecteur de projection extérieure du Qatar. »

CHAPITRE 5

Une si douce dictature

« Vertus publiques, vices cachés » pourrait être la devise du Qatar. Certes, Doha n'est pas la Corée du Nord, mais la liberté y est tout de même très restreinte. Dès qu'un inconscient s'avise de défriser un poil des moustaches des maîtres, il est étouffé. Des hommes de Doha font la leçon au reste du monde, arabe en particulier, alors qu'ils sont à la tête d'une dictature. *The Economist*, le magazine britannique qui chaque année établit un classement des démocraties dans le monde, ne s'y est pas trompé : le Qatar arrive en 138e position sur 157, juste derrière la Biélorussie, gouvernée par le si estimable Alexandre Loukachenko. Quand les malheureux citoyens de ce dernier pays sont invités à voter, le « monde libre » pousse des cris, hurle contre les urnes bourrées. Le « monde libre » a raison. Mais il ne prononce jamais un seul mot sur les libertés et les droits de l'homme au Qatar. Où, il est vrai, le risque de voir truffer les urnes est nul puisque les élections n'existent pas.

Il y a des despotes qui ont de la chance. Celui du Qatar en a. Par exemple, il a pu critiquer des tyrans comme Ben Ali, Moubarak ou El-Assad sans jamais prendre son compliment en boomerang. En Occident, dans les médias dominants, il est établi que Doha est « la capitale arabe des libertés », le modèle à imiter. Revenons à l'exemple de la Biélorussie : contre la politique d'Alexandre Loukachenko, la brute qui dirige le pays, nous trouvons à juste titre des militants qui s'enchaînent et protestent. Comme argument, ces courageux défenseurs des droits de l'homme avancent, par exemple mais ce n'est pas tout, les conclusions des rapports d'Amnesty International. Avez-vous déjà entendu Ségolène Royal ou Najat Vallaud-Belkacem, magnifiques championnes des libertés à Paris, citer les travaux d'Amnesty à propos de la situation, sinistre, qui est celle du Qatar où elles se rendent en toute bonne conscience et légèreté[1] ?

Dans le genre sinistre, la sobriété et la précision chirurgicale d'Amnesty sont parlantes. En préambule, l'ONG annonce : « Deux hommes ont été arrêtés, apparemment parce qu'ils étaient soupçonnés d'être des détracteurs du gouvernement ; l'un d'eux aurait été torturé... » Voilà la réalité d'un État qui ne veut que le bonheur des autres. L'introduction de l'article d'Amnesty consacré au Qatar résume le bilan de son enquête 2011 : « Les

---

1. Interrogée sur la conception du Qatar en matière de libertés publiques, Najat Vallaud-Belkacem, habituée pourtant des voyages à Doha, et de la défense de l'émirat, n'a pas pris la peine de nous répondre.

travailleurs migrants étaient exploités et maltraités et ils ne bénéficiaient pas d'une protection juridique suffisante. Six personnes, peut-être plus, ont été condamnées à des peines de flagellation. Des condamnations à mort ont été prononcées contre au moins trois hommes ; aucune exécution n'a eu lieu. » On aura noté l'absence de littérature dans le style, rien que la rudesse des mots dans un pays où s'informer, même du sort d'un condamné à mort, est plus difficile qu'en Chine.

Pour savoir ce qui se passe dans un monde caché, celui des geôles, Amnesty a grappillé les témoignages. Ainsi on en sait un peu plus sur le sort de Salem Al-Khawari, un fonctionnaire arrêté le 7 février 2011. Sans que la moindre inculpation ait été prononcée, il est resté en prison pendant sept mois et demi. Avec interdiction de recevoir des visites pendant les trois premiers mois de sa captivité. Dès les premiers jours de ce rapt policier, l'homme a été régulièrement matraqué et privé de sommeil. Sa libération a été aussi mystérieuse que son emprisonnement. Un fait du prince.

En revanche on sait très bien pourquoi Sultan Al-Khalaifi a été mis au secret pendant une semaine. Lui est un homme vraiment dangereux : il a fondé à Doha une association de défense des droits humains. À la suite des malheurs d'Al-Khalaifi, on apprend, toujours dans le rapport d'Amnesty, que « deux personnes ont été emprisonnées pour blasphème. Et l'une d'elles, un Qatari de quarante et un ans, a écopé d'une peine de prison de cinq ans ». Sans qu'on puisse pleurer davantage sur le destin de ce « blasphémateur » dont l'avocat doit rester muet s'il ne veut pas partager le sort de son client.

Poursuivons la pénible lecture. Quarante-six personnes, des « étrangers », c'est-à-dire des hommes et des femmes dont la famille n'était pas installée au Qatar en 1930, ont été condamnées à la prison. Puis expulsées pour « relations sexuelles illicites ». Tout travailleur non occidental, qu'il soit pakistanais, népalais, philippin ou arabe, n'a qu'un seul droit, celui de vivre en célibataire et dans l'abstinence. Quelques-uns ont eu plus de chance. Passant au travers d'une expulsion pour « copulation interdite », ils n'ont été sanctionnés que de quarante ou cent coups de fouet. Merci.

Le 29 novembre 2012, des magistrats ont enfin en face d'eux un authentique criminel, un poète de trente-six ans nommé Mohammed ibn Al-Ajami. Le terroriste est accusé d'avoir écrit et déclamé, sur Internet, des textes critiquant les politiques répressives du monde arabe. L'écrivain a de la chance, il est défendu par le seul avocat courageux de Doha. Qui proteste d'entrée contre « le déni de justice » qui a conduit son client devant un tribunal.

L'homme de plume était en prison depuis un an avant d'avoir l'honneur de comparaître devant des juges de nationalité soudanaise. Oui, des juges soudanais ! Et pourquoi donc ? Parce que le métier de magistrat ne passionnant pas les juristes qataris, il faut en importer. Le président : « Vous avez insulté Sa Majesté notre émir, diffamé Son Altesse le prince héritier et ainsi porté atteinte à la Constitution. » Accusation d'un délit virtuel puisque au

Qatar personne ne peut vraiment affirmer qu'il existe une Constitution... La pugnace ONG Amnesty International dénonce, dans le désert, une « scandaleuse trahison de la liberté d'expression ».

C'est en janvier 2011 que notre ami le poète Ajami brûle ses vaisseaux en déclamant : « Nous sommes tous la Tunisie face à une élite répressive. » On comprend que l'émir, qui déteste Ben Ali, ait mal pris le rétro-compliment. Cinq mois plus tôt, le rebelle avait déjà ciblé « ces cheikhs qui jouent sur leurs Playstations »... Récidiviste, Ajami est donc condamné à la prison à vie[1]. Et Benjamin Barthe, journaliste au *Monde* et très fin connaisseur du Qatar et du Moyen-Orient, appelant Baudelaire à la rescousse, trouve pour son article un bien beau titre : « Homme libre, toujours tu chériras l'Émir ».

Philip Luther, directeur du programme Moyen-Orient d'Amnesty, est un combattant, pas un poète. Pour lui : « Il est déplorable que le Qatar, qui aime se présenter sur la scène internationale comme un défenseur de la liberté, se permette de commettre, selon toute apparence, une violation flagrante des droits. » Et qui trouvons-nous en exécuteur anonyme pour organiser toutes ces procédures de justice ? « Docteur Ali »... Cet admirateur de Voltaire qui connaît si bien le droit.

Est-ce parce que l'émir ne se sent plus si sûr de lui dans son royaume enchanté, ou bien parce qu'il

---

1. En fin de compte, la peine du poète va être révisée pour être fixée à quinze ans de prison ferme.

a peur de voir déborder jusque sur ses marches ce printemps arabe qu'il aime tant ? Dans ce pays sans droit, le palais a édicté une loi : « Toute critique de l'émir ou des voisins du Golfe sera passible d'une amende de 275 000 dollars. » Soyons sûrs que Dominique de Villepin, poète lui-même et avocat du Qatar (dans tous les sens du mot), aura un geste de solidarité envers son confrère en élégie.

Au Qatar, le droit est plutôt tordu, le malaise remonte au système politique lui-même, celui de la monarchie absolue, voire de droit divin. Seul et bien maigre progrès démocratique : depuis 1998 le pays est doté de conseils municipaux. Aucun des élus ne s'est présenté sous une étiquette puisque les partis politiques, comme les associations, sont interdits. Un mieux par rapport au voisin saoudien, les femmes peuvent voter et même être candidates (8 sur 280 lors du premier scrutin de 1998). Des femmes courageuses, puisque les maris n'aiment guère les épouses qui votent. L'un d'eux, un jour de scrutin, a fait injonction à Al-Jazira afin qu'elle ne diffuse pas une image diffamatoire : celle de sa femme sortant d'un isoloir.

Le 7 avril 2003, les cent cinquante articles d'une Constitution ont été adoptés par 96 % des votants. Elle a été mollement appliquée en 2005, mais pas dans l'intégralité de ses articles, c'est cette timidité dans la proclamation du droit qui nous fait dire qu'elle n'existe pas... Ainsi, les quarante-cinq membres du Conseil consultatif sont toujours nommés par le Palais. Même les grands amis de

Washington, qui ont longtemps poussé le Qatar vers une démocratisation symbolique, ont baissé les bras. On n'a jamais entendu dire que Chirac, Sarkozy ou le débutant Hollande, en flattant « les grands progrès démocratiques » de ce pays, une phrase valise qui leur est commune, aient poussé l'émir vers l'exercice de la liberté...

Mais ne désespérons pas de Doha. Un pas a été aussi franchi en 2004 avec l'autorisation exceptionnelle, donc dérogatoire au droit, de vingt-quatre associations. Des unions d'une importance capitale comme le club philatélique, le club photographique ou celui de l'environnement. La seule fois où l'on a entendu parler de ce dernier, c'est en décembre 2012, lors du Sommet mondial de Doha sur l'environnement. Ces anarchistes ont organisé, sur quelques centaines de mètres, une « marche contre la pollution ». Heureusement, leurs vies étant en danger, les aventuriers sont vite rentrés respirer du bon air à la maison : le Qatar est le pays le plus pollué du globe.

Au moment de la fidèle amitié entre Rachida Dati, alors garde des Sceaux, et le Qatar, un véritable pont judiciaire est prévu entre Doha et Paris. La France va écrire le droit de l'émirat et, pourquoi pas, « Son Excellence Docteur Ali » aider à la rédaction du nôtre. Telle une PME, on va délocaliser la place Vendôme et le tribunal de grande instance de Paris dans les sables. Quatre magistrats tricolores, sélectionnés comme des commandos des forces spéciales, sont programmés pour s'installer en éclaireurs au Qatar.

Pris par on ne sait quel élan, Alain Juppé lui-même plonge dans ce spa de justice où barbote déjà Rachida, l'un et l'autre voulant coupler l'École nationale de la magistrature (ENM), celle qui, à Bordeaux, forme tous nos magistrats, à un projet identique établi dans la petite presqu'île. L'ancien Premier ministre et alors ministre des Affaires étrangères se laissant aller à dire : « Les Qataris ont une vraie admiration pour notre système judiciaire. » L'histoire patine, ouvrir une école de la magistrature dans un pays où le droit est aussi mou qu'une montre de Salvador Dalí apparaît comme une mission impossible.

À Bordeaux, pourtant, on insiste. Le site Internet de l'École se mobilise et explique : « Basée au Qatar, cette filiale aurait vocation à dispenser une pédagogie s'articulant autour de deux axes. La formation initiale serait destinée aux pays qui ne disposent pas de structures similaires. La formation continue aurait pour objectif de renforcer la coopération interarabe par des sessions communes de formation… » Le rédacteur du site de l'ENM réussit l'exploit de donner vie à un concept, celui de la « coopération interarabe », qui, depuis Mahomet, restait un mythe. La France aura-t-elle, au sein de son corps de magistrats, assez de spécialistes de la *charia* pour les envoyer professer à Doha ? En reprenant le ministère de la Justice, Christiane Taubira met un terme à ce bombardement de juristes exportés.

Le droit islamique, dans sa version la plus intégriste, reste la matrice des lois de cet émirat. Pour régler, par exemple, le cas épineux du droit des malades mentaux à avoir une vie sexuelle, on a réuni non point des psys ou des magistrats, mais de sages imams. Ceux-ci ont rendu un avis : « Oui, il est légitime de donner une épouse à un homme malade mental. » Si un citoyen mal embouché avait osé demander si ce droit s'exerçait aussi pour une femme, il aurait été prié de se taire. Ici, la femme n'est pas un homme comme les autres.

Le voyageur qui débarque à Doha n'est pas là pour provoquer des vagues, mais pour ramasser de l'argent. Tout curieux qui sort de cette ligne risque des ennuis. C'est souvent le cas de journalistes ou de chercheurs qui entendent faire leur métier. C'est celui de Claire Beaugrand. Après avoir soutenu une thèse de doctorat sur les apatrides, en passant notamment trois années au Koweït, elle obtient en 2011 un « postdoc » du ministère des Affaires étrangères et du CNRS pour étudier « les structures politiques du Qatar ». Le 3 mai elle s'installe à Doha. Le 11 mai à 17 heures elle est arrêtée par trois policiers en civil. Son crime ? Avoir interrogé quelques apatrides.

La chercheuse subit de longs interrogatoires. Pourquoi cet intérêt pour les apatrides ? Pourquoi détenez-vous des livres en persan ? Pourquoi avoir loué un appartement et commencé des travaux alors que toutes les démarches pour votre certificat de résidence ne sont pas à leur terme ? Le soir, Claire dort en prison. Avec deux jeunes Philippines, des bonnes envoyées en cellule à la demande de maîtres mécontents. Le lendemain de son arrestation, l'ambassadeur de France déclare à la prisonnière : « C'est très grave, c'est une détention à caractère politique. » Au même moment notre ami le procureur, « Docteur Ali », estime que le cas de cette chercheuse relève « de la sécurité de l'État ». Neuf jours se passent ainsi, en cellule. Lorsqu'elle est libérée, la jeune femme refuse de quitter le pays. Par peur d'un scandale, le procureur ne l'expulse pas. Elle obtient son titre de résidence mais n'a plus l'autorisation de travailler, ce qui n'est pas prévu au CNRS... elle est surveillée en permanence. Lassée de cette expérience digne de Kafka, Claire rentre en France sans avoir compris ce qui lui était arrivé : « La délation, la brutalité, le contrôle absolu, explique Claire Beaugrand, j'étais beaucoup plus libre au Koweït[1]. » Obsédée par son sujet, la chercheuse n'a pas compris qu'il était malséant de s'intéresser aux « structures politiques du Qatar ». Autrement dit à quelque chose qui n'existe pas.

Une autre chercheuse, Claire-Gabrielle Talon, brillante universitaire, ne peut plus remettre un pied à Doha depuis qu'elle a publié le livre qui met à nu le système Al-Jazira[2]. Si le Qatar ne supporte pas la critique, il refuse aussi le « risque » de l'étude savante. Ou celui de l'enquête qui renverrait à une réalité collant mal à la fiction répandue en Occident sur ce petit pays. Parfois,

---

1. Entretien avec les auteurs.
2. *Al Jazeera. Liberté d'expression et pétromonarchie*, Presses universitaires de France, 2011.

même s'ils ont cette souplesse qui fait d'eux des hôtes idéaux, les hommes d'affaires eux-mêmes peuvent connaître la ronde diabolique de la justice et de la police. *Le Canard enchaîné* a publié à l'automne 2012 la pénible aventure d'Yves Pendeliau, cadre français d'une société de pétrole. Pour un litige de 10 000 euros avec le bailleur de sa maison, le manager a été retenu en otage pendant un an. Impossible de rencontrer un interlocuteur compétent pour lui exposer son dossier. Le mur en face de lui, rien qu'un *leitmotiv* : « Vous n'avez qu'à payer. » Puis le silence. Quant au Quai d'Orsay, dans toutes ces affaires où des citoyens français sont traqués, il fait le mort, ayant vite choisi entre le sort d'un homme et les caprices des dieux. Dans la série noire des séquestrés de Doha, on compte Louis Thévenin, un autre citoyen français pris dans une rafle. Cet homme est le patron de l'Alliance française de Cebu, aux Philippines. Le 16 février 2012, il s'installe en classe affaires dans un avion de Qatar Airways... Lors d'une escale à Doha, après que le voyageur s'est plaint du bruit occasionné par l'humeur festive de l'équipage, le zèle des flics locaux le conduit en prison. Quand il est libéré, son avion a quitté l'aéroport et il doit racheter un billet.

Au Qatar, une réalité est incontestable, c'est l'amour que le pays porte aux étrangers dès qu'elles sont étrangères. Nous avons été directement les témoins d'un recrutement lancé en France par une entreprise qatarie. Mirage oblige, des dizaines de candidats se sont engouffrés dans le portillon d'un appel sur Internet. Visiblement toute la planète rêve d'être cadre à Doha. Très vite, un Qatari a précisé les préférences pour le poste : « Plutôt une femme qu'un homme et une blonde qu'une brune. Si on peut éviter les Arabes et Maghrébins, c'est préférable... »

Le pays rejette l'étranger. Les citoyens d'ici ont de telles conditions de vie, un revenu moyen assuré par l'émir de 80 000 dollars par an, avec l'école, l'électricité, la santé offertes, que nul n'a envie de partager le gâteau. Il faut imaginer les Qataris heureux puisque les deux tiers des 18-24 ans, interrogés par un institut de sondage, déclarent ne « jamais se préoccuper de la démocratie ». Pourtant, un internaute qui n'a pas froid aux yeux, et assez malin pour ne pas se faire prendre, a réussi à lancer, sur Facebook, un appel : observer un « Jour de Rage » contre l'émir. Page immédiatement effacée par les services de l'ami Mark Zuckerberg, le jeune génie américain inventeur de ce réseau social.

Abdel, un intellectuel palestinien, a vécu dix-huit ans au Qatar : « Mon père est un de ceux qui ont fait ce pays. Qu'a-t-il reçu en échange ? Rien. Tous les ans il fallait refaire les papiers, être épiés, dénoncés et maintenus dans une situation précaire. Quand je vois le *show* de l'émir qui se rend à Gaza, ça me fait rire. Pour lui, le sort de la Palestine n'est qu'une boule de billard qu'il lance pour embarrasser l'Arabie ou l'Iran. Pour évoquer une comparaison qui peut parler à des Français, on nous a traités comme des "bougnoules". Alors que nos frères engagés au début du XXe siècle dans le développement de l'Amérique du Sud sont devenus ministres et même présidents. »

Le 12 juin 2012, Human Rights Watch, la principale ONG internationale qui veille sur l'état des droits de l'homme dans le monde, publiait un rapport fracassant sur la situation du million et demi d'immigrés travaillant au Qatar. Chacune de ses 146 pages constitue une honte. Où des centaines de milliers de migrants, pour la plupart venus d'Asie du Sud-Est, « sont menacés d'être gravement exploités et abusés, parfois jusqu'au travail forcé ». Le rapport s'intitule *Construire une meilleure Coupe du monde : protéger les travailleurs migrants du Qatar avant la coupe de la FIFA en 2022*. En gros, si l'émirat s'entête à traiter les ouvriers comme il le fait depuis des années, l'émir Al-Thani va tout droit vers le Mondial du clash. Aucun État civilisé, aucune association humaine, et même la peu scrupuleuse Fédération internationale de football, ne peut fermer les yeux sur l'esclavagisme qui menace à Doha, alors que les bras des centaines de milliers d'immigrés sont indispensables à la construction des arènes de cette compétition universelle.

Dans son rapport, Human Rights Watch analyse d'abord ce système d'exploitation si solidement implanté. Outre la confiscation de son passeport, l'ouvrier est attaché à « son » patron comme la chèvre au piquet. Il lui est impossible de claquer la porte et d'aller travailler ailleurs. Human Rights Watch observe que le système de « parrainage », c'est-à-dire d'emprisonnement des travailleurs dans un carcan de non-droit, est le plus « restrictif de tous ceux observés dans le Golfe ». Le rapport relève encore l'existence d'un incroyable « permis de sortie », qui contraint tout salarié à rester au Qatar si tel est le désir de son « maître ». Hussein Al-Mulla, sous-secrétaire au ministère du Travail, a annoncé la fin possible de ce « parrainage ». Qui serait remplacé par un « contrat entre la firme et son salarié ». Parole à laquelle personne ne peut croire tant que la législation qatarie, toujours en vigueur, légalise un système digne du XVIIIe siècle colonial.

Est-il utile de préciser que, si la grève est interdite, le simple fait de former une association de salariés au sein d'une entreprise est tout aussi prohibé ? Dans sa grande bonté, le bureau de l'émir a laissé entendre qu'une structure capable « d'écouter les travailleurs » pourrait voir le jour. Mais quand il précise que « tous les postes de responsables » de cette sorte d'agence « seront tenus par des Qataris », on mesure le peu d'envie de Doha de perdre son marché aux esclaves. Il faut bien, au meilleur prix, continuer de faire pousser les immeubles d'architectes. Comme ceux de Ieoh Ming Pei ou de Jean Nouvel, ou les décorums de Jean-Michel Wilmotte et du militant de gauche Philippe Starck. Tous grands humanistes.

La préoccupation de Human Rights Watch n'est pas anodine. Les travailleurs immigrés, qui sont environ un million et demi, représentent 94 % de la main-d'œuvre d'un émirat qui a la plus forte proportion de travailleurs étrangers au monde. Au passage ce chiffre indique que, sur les 200 000 citoyens qataris (au maximum !), seuls 12 000 auraient un emploi salarié... Dans la perspective de cette grotesque Coupe du monde, si elle est maintenue à Doha, un nouveau contingent d'un million d'ouvriers devrait venir s'ajouter à celui déjà exploité ici. Dans ses illuminations, Kafka avec sa « Colonie pénitentiaire » n'avait jamais imaginé rien de semblable.

Dans les entretiens qu'ils ont pu conduire auprès de ces victimes, les enquêteurs de l'ONG ont, le plus souvent, relevé des problèmes de « salaires impayés », ou « arbitrairement modifiés », des « conditions de travail dangereuses » et de « survie déplorable dans des camps insalubres et surpeuplés ». Soixante-neuf de ces damnés du béton, sur les soixante-treize interrogés, ont avoué avoir payé de 581 à 2 922 euros pour « acheter » leur droit au travail. Pour acquitter ce racket, ces hommes ont emprunté à des taux de 3 à 5 % par mois, ou 100 % sur un an. Avant de débarquer à Doha, tous les immigrés avaient été contraints de vendre leurs biens ou de les hypothéquer pour payer ce péage au travail. Il leur était donc impossible de rentrer chez eux sans avoir accumulé un peu de pécule.

Pour l'Organisation internationale du travail, le seul fait de retirer le passeport d'un employé s'assimile à du « travail forcé ». Mais le ministère qatari chargé du dossier ne comprend pas cette remarque et assure n'avoir reçu aucune plainte.

Quid des accidents du travail ? Selon cette même et exemplaire administration, « le nombre d'accidents du travail n'a rien d'exagéré puisque seules six victimes, tombées des échafaudages, sont à déplorer cette année ». Extension du domaine de la mort ? Dans ce cas on se demande comment, en 2010, les services consulaires du Népal ont compté, eux, 191 morts par accident parmi leurs expatriés au Qatar. Et comment leurs homologues indiens en ont dénombré 98. Si l'on ajoute à ces linceuls ceux des nations pour lesquelles la mort ne se compte pas, comme le Maroc ou le Pakistan, on doit approcher des 400 victimes par an.

Sarah Leah Whitson, la directrice pour le Moyen-Orient de Human Rights Watch, plante le dernier clou dans le cercueil de la démocratie au Qatar : « Comment donner son feu vert à de tels projets alors qu'il ne vient à personne la simple idée de compter les blessés et les morts du travail ? »

Par l'intermédiaire d'amis sherpas népalais, qui viennent régulièrement pratiquer la montagne à Chamonix, nous avons pu contacter quelques travailleurs revenus de cet enfer. Nischal a vingt-sept ans : même en étant rentré chez lui, à cinquante kilomètres au nord de Katmandou, il parle avec un peu de peur :

« C'est par l'intermédiaire d'amis d'ici que je suis parti pour le Qatar. Je savais seulement qu'il me fallait, au moins, 3 000 dollars. Arrivé là-bas on m'a orienté vers un patron qui travaillait dans l'agriculture. Il m'a demandé 2 000 dollars et pris mon passeport. Je devais gagner 300 dollars par mois et des primes. Au bout de six mois, il a cessé de me payer. J'ai tenté de protester mais c'était impossible. Si j'ai pu récupérer mon passeport et partir, c'est grâce à un ami du secrétariat. »

Asim est retourné plus haut dans les montagnes où il vend du bois : « Je travaillais dans les tours, dans le bâtiment. La chaleur était terrible et des hommes mouraient du cœur. Un jour, c'est mon ami qui est tombé de plus de cinquante mètres. Sur ces chantiers il n'y a rien pour nous protéger. Étant resté deux ans, j'ai pu liquider ma situation et rentrer. Aujourd'hui je ne conseille à personne de partir là-bas tant que l'émir n'aura pas décidé de protéger les ouvriers. À Doha on nous traite comme des animaux. »

Dans son livre fort instructif publié aux éditions du Moment, *Mirages et cheikh en blanc*, Robert Ménard, l'ancien patron de Reporters sans frontières qui a eu l'étrange idée de fonder à Doha un Centre pour la défense de la liberté de la presse, rapporte le témoignage d'un homme d'affaires. Ce dernier s'étonne de la densité de domestiques dans le pays et « qu'un millionnaire britannique soit capable de laver sa voiture le dimanche alors qu'un Qatari a besoin d'un domestique pour lui tendre un verre d'eau s'il doit faire quelques mètres »... L'ex-responsable de RSF rapporte aussi les propos du docteur Suhaila A. Ghuloum, psychiatre. Ce dernier évoque la folie qui gagne souvent les immigrés déportés ici : « On les trouve parfois dans les rues totalement désorientés, perdus. Quand les difficultés financières s'ajoutent à la pénibilité du travail et à des conditions de vie misérables, le niveau de stress atteint son maximum. Les plus concernés sont ceux qui viennent d'arriver et voient s'effondrer leur rêve d'une vie meilleure. » Sentant venir la révolte et une mauvaise image, l'émir a formé le projet de construire pour tous ces gueux des camps « plus salubres et confortables ».

Cette exploitation de la viande humaine risque de jouer un mauvais tour à notre petit paradis. Après Human Rights Watch, des syndicats ouvriers se penchent aujourd'hui sur le sort de ces sous-prolétaires. À la veille de la mise en chantier des stades d'un Mondial utopique, à la fois démontables et climatisés, un slogan menace : « Qatar, boycott ». Après la Chine incriminée, lors des JO, pour le sort fait au Tibet, un homme comme Tim Nooman, le porte-parole de la Confédération syndicale internationale, est tout à fait capable de lancer ce blocus. Il vient, lui aussi, de publier son rapport sur le sort de ces mêmes travailleurs au Qatar. Il confie au quotidien *L'Humanité* :

« Si, pour la construction des stades en prévision de 2022, rien ne bouge, nous appellerons au boycott et demanderons à la FIFA d'organiser la Coupe du monde ailleurs. »

Le lecteur épris d'humour peut se transporter sur le site du ministère français des Affaires étrangères. Il pourra y lire : « Depuis l'arrivée de Cheikh Hamad bin Khalifa Al-Thani au pouvoir, l'émirat s'est engagé dans un processus progressif d'ouverture politique [...]. Une Constitution, adoptée en 2003, est entrée en vigueur en 2005. Jusqu'à présent nommés, les quarante-cinq membres du Conseil consultatif pourraient être, pour les deux tiers d'entre eux, élus au suffrage universel, l'autre tiers demeurant désigné par l'émir [...]. Ce pays fait désormais prévaloir la liberté d'expression, d'association et de culte. » Telle est la doctrine défendue par Laurent Fabius et ses diplomates. Interrogé sur le mauvais traitement infligé au poète Mohamed Al-Ajami par Doha, notre ministre des Affaires étrangères a noyé le poisson. Déclarant, les yeux rivés sur ses chaussures, que « la France sera toujours derrière les opprimés ».

Question : Les professeurs qui travaillent dans les établissements scolaires français de Doha sont-ils des opprimés ? Très sûrement. Pour faire court : le procureur général du Qatar, non seulement ministre de la Justice, mais aussi président du conseil d'administration du lycée Voltaire, établissement franco-qatari, décide un jour de torpiller cette école, au motif que « la pédagogie qu'on y pratique ne respecte pas l'enseignement islamique ». Précisons que cet établissement est placé sous la tutelle pédagogique du ministère français de l'Éducation nationale. Une administration que l'on imagine assez peu disposée à enseigner la stricte observance de la *charia*. Mais où est donc passé « Docteur Ali », cet ami si distingué qui récite à Paris – lorsqu'il fait passer des thèses à des étudiantes – la Déclaration universelle des droits de l'homme ?

Observons ce qui se passe aussi au lycée Bonaparte, l'autre lycée français de Doha. Où il se trouve que l'outrecuidant proviseur s'est permis d'adresser une remarque à une jeune élève portant le voile. Si Voltaire est un bahut franco-qatari quant à son financement, à Bonaparte le budget est français à cent pour cent. Pour cette affaire de voile, le proviseur est fustigé par le Conseil supérieur de l'Éducation du Qatar. Une « presse », qu'il est inutile de rappeler à l'ordre, entame une campagne contre ce fonctionnaire. Dans son édition du 7 novembre 2012, le journal *Al Watan* explique que « l'interdiction du voile est une atteinte aux lois de l'État ». Et le journaliste d'annoncer « des sanctions importantes ». Combien de coups de fouet ?

La situation est bien plus grave à Voltaire. Les mésaventures de ce lycée sont le miroir du Qatar tel qu'il est. Un enseignant commente : « Les méthodes du procureur général témoignent de son autoritarisme. Celles d'un homme capable de menacer des étrangers de prison s'ils ne se plient pas à la lecture wahhabite de l'islam. Tout le reste n'est que publicité mensongère et poudre aux yeux. »

À la demande conjointe de Doha et de Paris, le lycée Voltaire a été créé en 2007. La gestion pédagogique, administrative et financière de l'établissement est confiée à la Mission laïque française (MLF). Noble institution liée à l'histoire de la République, la MLF est née en 1902 du désir de champions de la laïcité soucieux de rectifier la bonne parole répandue dans les colonies et ailleurs par les Pères Blancs et autres Petits Frères des pauvres. Le Vatican a bien son institut de la « propagation de la foi », pourquoi les républicains n'auraient-ils pas un organisme capable de prêcher la liberté, l'égalité et la fraternité ?... Depuis plus de cent ans la MLF, forte de 114 établissements, est implantée dans 46 pays pour instruire 40 000 élèves. Nous ne sommes pas face à une vague ONG mais à la « voix de la France ».

En janvier 2008 le lycée Voltaire est inauguré par le prince Tamim et Nicolas Sarkozy, le petit frère des riches. L'établissement accueille 700 élèves, dont 40 % de Qataris. Les autres pays représentés sont principalement le Liban, le Maroc, l'Égypte. Les élèves de nationalité française, eux, vont au lycée Bonaparte, qui est donc financé directement par Paris. À Voltaire, nous l'avons dit, on suit un programme défini par l'Éducation nationale chère à Jules Ferry, avec toutefois un renforcement de l'arabe et de la culture locale.

Pendant deux ans cette institution glisse sur une longue dune tranquille. Tout change en 2010 avec une première intervention d'Ali Faites, le procureur-ministre qui veille à tout. L'érudit censure un cours d'histoire sur « la chrétienté au Moyen Âge ». Tant pis si, dans le même livre, on accorde une place longue et bien documentée à l'islam. En pays wahhabite, les docteurs de la loi partent du principe que, dans la Création, tout homme naît musulman même si, plus tard, l'hérétique prend ensuite parfois le dessus. Et des êtres perdus deviennent chrétiens, juifs ou bouddhistes... À Doha, avant leur majorité, garçons et filles doivent donc ignorer qu'il existe une autre religion que l'islam. Second accroc à Voltaire avec un second manuel, celui-ci d'arabe. Il ne plaît pas davantage au ministre. Et ce dernier impose un livre qatari qui a l'avantage de faire travailler l'arabe par la lecture d'extraits du Coran. En avril 2011, à bout de nerfs, la MLF saisit Paris et l'inspection générale de l'Éducation, qui dépêche un fonctionnaire enquêteur au pays des perles. Face à la couleur – vert islam – prise par l'enseignement, l'arbitre suspend l'homologation du lycée. Dans le même temps, l'humaniste Ali Faites refuse de réunir le conseil d'administration.

Pour faire la peau au lycée francophone, le procureur va prétexter un artifice. Il se trouve que Voltaire gère aussi d'autres établissements de la région, dont une école implantée au Kurdistan et une autre à Kaboul. Élargie, la comptabilité du proviseur de Doha ne se réduit donc pas à la gestion de la perle pédagogique du Qatar. Son Excellence Ali Faites, docteur en droit, feignant d'ignorer ce dispositif, accuse le proviseur de malversation : l'argent de Doha serait dépensé à Kaboul ! En juin 2012, le procureur-ministre-censeur met fin à la délégation de la MLF et fait nommer un nouveau proviseur, Franck Choinard, un enseignant qui n'a pas la formation requise mais semble plein de qualités puisque ses émoluments passent de 7 000 à 15 000 euros par mois. Hélas, aux yeux de Faites, Choinard ne s'est pas assez bagarré contre la MLF. Il cesse de plaire. Sa punition ? Pendant trois mois, il est retenu à Doha, puis le procureur semble capituler... Dans ces conditions, la rentrée de septembre 2012 se déroule sous de bons auspices. À la demande insistante du ministre de l'Éducation nationale, Vincent Peillon, le Qatar accepte que la MLF poursuive son mandat. Pour la première fois un ministre fait plier Doha. L'honneur est sauf.

DEUXIÈME PARTIE

La diplomatie du chéquier

CHAPITRE 6

Du gaz… et des colloques

Pourquoi les escapades au Qatar ont-elles un tel succès ? Par quel miracle un pique-nique dans le désert et une visite au musée des Arts islamiques peuvent-ils séduire à ce point cette partie de la classe politique française qui rechigne à se rendre au-delà du périphérique ? Comment des stars comme Robert De Niro ou Isabelle Adjani acceptent-elles d'aller se morfondre à Doha ? Pour les plus sourcilleuses d'entre elles, d'où vient cet engouement pour un émirat qui ne respecte pas les libertés ? Cet attrait s'explique sûrement par le formidable sens de l'hospitalité des Qataris. Ces hommes du désert sont généreux et savent recevoir.

Voici quelques années, le Qatar avait bien tenté de créer une *Riviera* dans l'île artificielle « The Pearl ». De célèbres restaurants français « franchisés » avaient ouvert leurs portes, dont une pâle copie des Deux Magots. L'année dernière, hélas, l'alcool fut prohibé dans ces hauts lieux de perdition. Sous l'influence grandissante des fondamentalistes, l'observation stricte de la loi coranique se généralise au Qatar. Seuls quelques grands palaces sont encore autorisés à servir des boissons alcoolisées au compte-gouttes. Et encore les Qataris, s'ils veulent être servis, doivent être habillés à l'européenne. L'oukase contre l'alcool, dont l'accès était naguère libéralisé, est tombé un soir de Nativité quand, sur le port, des Européens totalement ivres se sont promenés tout nus en portant un père Noël. Alcool plus ce bonhomme rouge totalement païen mais qui, pour les salafistes, symbolise le Christ... c'était une double faute. Et l'alcool fut prohibé.

Sur des questions essentielles et existentielles, comme celle du père Noël, le pays s'exprime. Par le relais des chefs de tribus et de la poignée d'élus municipaux, le peuple est interrogé lors d'immenses « *majlis* », des palabres où les notables reçoivent jusqu'à un millier d'obligés chaque semaine. Ces espaces sont un substitut à la liberté de parole. C'est dans le secret de colloques entre soi que s'expriment les doléances. Ne recevons-nous pas trop d'étrangers ? Les Libanaises ne portent-elles pas des tenues indécentes ? Le Premier ministre, HBJ, respecte-t-il les subtils équilibres entre les clans familiaux ? Au Qatar, les *majlis* sont une manière de catharsis.

Réduire ses libertés intérieures à la portion congrue n'empêche pas l'émirat de se poser en modèle pour imposer la démocratie au reste de la planète, en commençant par les pays arabes. À l'extérieur, le Qatar en jette, il touche à tout avec l'intention de remodeler le sort de l'univers : culture, éducation, art, climat ou dialogue interreligieux, voici les thèmes consensuels qui font l'objet de vastes rassemblements. Pendant longtemps, il exista même un secrétariat d'État préposé aux colloques. Pour dire l'inflation, en décembre 2011, deux mille cinq cents invités se pressaient au « Forum international de l'alliance des civilisations », placé sous le double patronage de la cheikha Moza et du secrétaire général de l'ONU, Ban Ki-moon. Plus que de simples rassemblements mondains, dès le début des années 2000, les colloques du désert étaient pourtant devenus de véritables lieux de confrontation et de débat.

À l'époque, l'émirat aura été une véritable tour de Babel, un ONU bis, où se côtoyaient les plus brillants intellectuels arabes, les représentants des Occidentaux, voire des Israéliens, ainsi que les opposants les plus radicaux, comme des dirigeants algériens du Front islamique du salut (FIS) ou des Tchétchènes venus du froid. Pour donner une épaisseur à cette vaste agora, les Qataris avaient créé de grandes institutions intellectuelles et universitaires. La mère de toutes les victoires contre l'ignorance aura été la Fondation de la cheikha Moza : 8 milliards de dollars de dépenses annuelles, une « Cité de l'éducation » où sont conviées les plus grandes universités américaines.

Lors de la grand-messe annuelle sur « l'Éducation, la Culture, la Démocratie », l'émirat reçoit des centaines d'invités. Parmi eux se trouvent quelques célébrités, mais aussi beaucoup d'inconnus, sans légitimité particulière. À Doha, on affiche une grande ouverture d'esprit. À l'occasion du Forum de 2007, deux députés arabes israéliens étaient invités ainsi que des universitaires français réputés comme Gilles Kepel ou encore Pascal Boniface.

En 2009, le Forum sur l'éducation et la culture est également un très bon cru. L'ancien président Jacques Chirac, qui n'a jamais ménagé son soutien à l'émir, y est convié accompagné par tout un aréopage : une dizaine de membres de sa fondation, l'industriel et millionnaire François Pinault, Alain Juppé et son épouse Isabelle. Cette année-là, autour de la piscine de l'ambassadeur de France pleine de l'eau bleue de nos impôts, se nouent quelques contacts fructueux. Un dîner très consensuel réunit l'actuel ministre de l'Intérieur, Manuel Valls, la ministre de Nicolas Sarkozy, Fadela Amara, l'ex-communiste devenu centriste et indéfectible ami du Qatar Maurice Leroy et, enfin... Alain Juppé. Au rassemblement de 2010, le niveau baisse. La France envoie Daniel Leconte, producteur à Arte et pourfendeur en chef de Charles Enderlin, le correspondant de France 2 à Jérusalem, Jeannette Bougrab, pasionaria de la cause des harkis et secrétaire d'État à la Jeunesse dans le gouvernement de François Fillon ou encore un maire adjoint de Levallois, un reporter de France 24, un représentant d'Axa. Un inventaire à la Doha.

À droite, ils sont légion à s'être rendus dans cette capitale, notamment pendant l'épisode de passion entre Nicolas Sarkozy et l'émirat. Quinze ministres accompagnent le chef de l'État lors de son voyage en 2008. Plus tard, en session de rattrapage, Jean-François Copé fait également le détour et il rencontre à la fois l'émir et le prince héritier. « Les Qataris font bander l'Occidental, explique crûment un des collaborateurs du patron de l'UMP, avec leur baratin habituel : l'excellence, le savoir, l'horizon 2030. » Certains comme Philippe Douste-Blazy conjuguent l'utile et l'agréable. Lorsqu'il se rend à Doha, il accepte, explique-t-il, de sacrifier un peu de temps libre pour prendre soin de la santé de l'émir – et cela, ajoute-t-il, « de façon bénévole ». Soigner gracieusement Sa Majesté, n'est-ce pas jouer une carte vitale ?

De Ségolène Royal à Manuel Valls et de Jack Lang à DSK, les socialistes n'ont rien non plus contre un petit week-end à Doha. Il faut reconnaître que Bertrand Delanoë, habitué des séjours quatre étoiles dans la Tunisie de Ben Ali où une voiture officielle venait le prendre à l'aéroport, n'a pas été d'emblée séduit par le Qatar. Lorsque le frère de l'émir, l'ancien Premier ministre Abdallah, a projeté de faire de somptueux travaux dans l'hôtel Lambert, merveille de l'île Saint-Louis qu'il a rachetée une fortune en dépit du rabais accordé par Rothschild, l'ancien propriétaire, le maire de Paris s'était élevé contre cette atteinte au patrimoine. En 2006, quand le Qatar évoque déjà un possible rachat du PSG, le premier élu de la capitale s'interroge immédiatement, et en public, sur la provenance de ces éventuels « fonds exotiques ». Dieu merci, les pudeurs de Bertrand Delanoë vont vite se dissiper après son voyage à Doha, début 2009, où il est reçu en grande pompe par Son Altesse en personne avant une réception à l'ambassade de France. Dans un aimable discours, Bertrand Delanoë soulignait combien « le Qatar avait réussi le pari de la modernité, sans sacrifier ses riches traditions issues d'une longue histoire ». Un petit voyage et, hop ! le Qatar cesse d'être exotique.

Lors des élections présidentielles de 2007, Doha avait lancé une offensive vers la candidate socialiste Ségolène Royal. Un mois et demi avant les élections, une délégation emmenée par Jean-Yves Le Drian, alors chargé des relations internationales de la candidate, est reçue à Doha[1]. Les Qataris sont des sages qui ne sauraient insulter l'avenir. Un an après l'échec de l'ancienne compagne de Hollande, l'ambassadeur du Qatar organisait en son honneur « un déjeuner amical et musical ». Parmi les personnalités présentes se trouvaient la réalisatrice Josée Dayan, le journaliste Pierre Assouline et l'animatrice Daniela Lumbroso. Peu de temps après, la dame du Poitou s'envole pour assister au « Forum sur la démocratie, le développement et le libre-échange ». Le dîner qui suit cette performance est marqué par la bouderie de l'ami numéro un du Qatar, Dominique de Villepin,

---

1. David Le Bailly et François Labrouillère, « Le Qatar et le PS, les dessous d'une opération séduction », *Paris Match*, 10 octobre 2012.

qui refuse de s'asseoir puisqu'il n'a pas été placé à la table d'honneur. Ce voyage d'études, Ségolène Royal le fait en compagnie de son fils Thomas, de sa secrétaire particulière, et de ses fidèles soutiens, Jean-Louis Bianco et Najat Vallaud-Belkacem, aujourd'hui ministre. Son intervention devant ses amis qataris, ô combien capitale, établissait le parallèle affiné entre le fromage des chèvres du Qatar et celui du Poitou.

À l'évidence, ces petits voyages forment la genèse, celle d'une amitié. Des années après, la tendresse pour le pays hôte est intacte. Lors d'une émission sur LCP au début de décembre 2012, Najat Vallaud-Belkacem, porte-parole du gouvernement socialiste de Jean-Marc Ayrault, défendait vigoureusement le rôle de Doha dans les banlieues : « À propos du Qatar il y a des inquiétudes que je ne comprends pas. L'investissement du Qatar c'est du *business* et rien d'autre. La Chine vient de lancer en France un fonds d'investissement comparable... Est-ce que cette décision a fait polémique ? Le Qatar est un État parmi d'autres et il faut se réjouir de son investissement. »

En octobre 2003, un voyage de presse est organisé, depuis Paris, pour l'inauguration du partenariat entre le Qatar et Texas A & M University. Si l'université du Texas avait lancé un pseudopode, mettons à Lyon, les journalistes présents auraient été accablés d'informations, de dossiers, de CD pleins de « com ». En revanche, à Doha, aucune pression d'un service de presse caporalisé. Rien. Le reporter peut se contenter, dans son immense palace, de choisir entre un bain dans la mer ou une longueur dans la piscine. Si, sa conscience professionnelle prenant le dessus, le journaliste cherchait à s'informer, on lui donnait quelques feuillets décrivant l'amour de la famille régnante pour l'éducation et la soif de la jeunesse qatarie pour la connaissance.

L'installation à Doha des grandes universités américaines répond en fait à une stratégie mûrement pensée. Du côté qatari, il s'agit de favoriser un formidable transfert de savoir pour préparer un avenir qui sera, dans un jour encore lointain, privé de ressources énergétiques. Du côté américain, les buts sont moins avouables. Après les attentats du 11-Septembre contre les Twin Towers, perpétrés essentiellement par des jeunes Saoudiens éduqués, les *think tanks* américains et la CIA ont découvert que l'Amérique était trop ouverte au monde extérieur, surtout jeune et musulman. Pour que le pays de Martin Luther King continue de former des élites selon sa norme, sans toutefois les accueillir dans le Minnesota ou le Connecticut, la solution était d'ouvrir des antennes universitaires hors des États-Unis. Les étudiants du sous-continent indien, du Moyen-Orient et du Golfe peuvent désormais apprendre à devenir des cerveaux américains sans avoir à fouler la terre de George Washington. Autre petit avantage pédagogique, le Qatar subventionne très largement tout cet exercice du savoir.

Lors de l'élection de Nicolas Sarkozy comme président de la République en 2007, les autorités qataries vont tenter de mettre la France universitaire à contribution. En 2008, « Docteur Ali » met tout en œuvre pour lancer une coopération avec la Sorbonne. Avec une telle marque le Qatar deviendra encore plus crédible aux yeux des Français. Le jour où le président de l'illustre université du Boul'Mich', Pierre-Yves Hénin, s'apprête à prendre l'avion pour signer à Doha le protocole d'accord, son portable sonne. C'est l'Élysée ! « Arrêtez tout, c'est impossible, nous avons déjà signé un accord d'exclusivité avec les Émirats arabes unis pour le label de la Sorbonne. » C'est *niet* : il n'est pas question de contrarier ce puissant et riche voisin du Qatar chez qui des négociations ont lieu pour la vente de soixante Rafale. *Business first !*

Par un pur hasard, Rachida Dati, alors garde des Sceaux, prend le même vol que le patron de la Sorbonne. Elle se rend à une conférence internationale des ministres de la Justice qui se tient à Doha. Durant le vol, le président s'en va trouver la ministre.

« Que dois-je faire avec les Qataris, l'Élysée bloque le projet avec la Sorbonne ?

— N'hésitez pas, répond Rachida, continuez à vous battre. »

Hélas, le pouvoir français ne transige pas. Serge Dassault est un ami de Nicolas Sarkozy, il n'est pas question de contrarier ses espoirs. Alors secrétaire général de l'Élysée, Claude Guéant prodigue ce judicieux conseil aux patrons de la Sorbonne : « Faites précéder le label par une autre appellation, baptisez votre projet Panthéon Sorbonne et ainsi les Émirats ne pourront pas protester.

— Impossible, répondent-ils, quand vous achetez une Mercedes, vous ne voulez pas qu'il y soit également inscrit Clio. » Ces contretemps n'empêcheront pas les Qataris de convier un universitaire de la mère des facs à un déjeuner en 2009 avec les représentants de Bouygues au siège du groupe. Ah ! le savoir, c'est du béton !

Modeste lot de consolation, une chaire pour « la Sécurité du sport », financée par un homme d'affaires qatari, Mohammed Hanzab, sera finalement créée à la Sorbonne à Paris. Hélas, le petit émirat est agité par des clans hostiles. Le directeur de cabinet du procureur général, un colonel de l'armée, met les responsables français en garde : « Méfiez-vous de lui. » À propos de ce mauvais sujet le procureur général prend même rendez-vous, pour les sorbonnards, avec le ministre de l'Intérieur qatari : « Je vous le confirme, explique ce dernier, votre financier a mauvaise réputation. » Depuis, la coopération universitaire boite un peu[1].

À l'initiative de la cheikha est créée en 2007 la Fondation arabe pour la démocratie, une ONG basée à Doha. Son conseil d'administration est prestigieux. Un ancien Premier ministre canadien, Kim Campbell, l'ex-révolutionnaire et ministre allemand des Affaires étrangères Joschka Fischer, la vice-présidente du Sénat italien Emma Bonino, ou encore l'ancienne présidente irlandaise Mary Robinson parrainent cette lumineuse organisation.

---

1. Entretien avec maître François Haméli.

Un intellectuel tunisien brillant, qui appartient à la gauche progressiste et laïque, est nommé à la tête de la Fondation. Beaucoup d'actions de formation, de séminaires, se tiennent à l'initiative de ce *think tank*.

En 2009, la Fondation arabe pour la démocratie est à l'origine de deux initiatives spectaculaires. La première, au début de l'année, concerne la Mauritanie ; la seconde, au printemps, touche au Darfour. Lorsque l'actuel président mauritanien, Mohamed Ould Abdel Aziz, parvient au pouvoir, le 6 août 2008, à la suite d'un putsch militaire, son prédécesseur, Sidi Ould Cheikh Abdallah, est jeté en prison. La Fondation délègue sur place un ancien ministre marocain des Droits de l'homme. La médiation, appuyée par le président sénégalais Wade, est un succès. Et le chef de l'État démis sort de prison, pour démissionner, mais, cette fois, de son plein gré – si l'on peut dire –, en recevant son successeur à la présidence.

La même Fondation va jouer un rôle moteur dans le conflit du Darfour, province rebelle du Soudan. Entre mars et mai 2009, de nombreux représentants des communautés et des clans soudanais sont invités à Doha pour réfléchir à un avenir commun. Les rencontres ont lieu, toutes fructueuses. Depuis, hélas, les oppositions à cette diplomatie parallèle proviennent du Premier ministre, HBJ, qui est aussi ministre des Affaires étrangères et a imposé sa toute-puissance. Les pourparlers sur le Darfour se sont perdus dans les dunes, le président tunisien a démissionné et la Fondation a été mise en sommeil.

Cette déconfiture n'est pas orpheline. Les échecs du Qatar à favoriser le règlement des conflits par la diplomatie s'accumulent. Le centre de Doha pour la liberté de l'information, créé en 2009, est également en état de mort clinique. La cheikha en avait confié les clés à Robert Ménard qui s'est naguère battu pour l'indépendance de la presse en Tunisie, à Cuba, au Maroc ou en Chine. Hélas, son étrange initiative va se heurter à de multiples oppositions, notamment à celle du ministre de l'Intérieur. Accessoirement, le tort de Robert Ménard, totalement sous le charme de la cheikha, aura été de se montrer un peu cavalier avec Son Altesse. « Les Qataris restent des Bédouins, explique-t-il, amer. S'ils doivent choisir entre l'étranger et leur frère, ils choisiront toujours leur frère, même s'ils sont en désaccord avec lui[1]. » *Exit* Ménard ! Adieu aux initiatives « libertaires » de la cheikha accusée de saper les bases de la société qatarie. En 2008, les religieux les plus conservateurs piquent un coup de sang et exigent de l'émir que la cheikha retourne à ses appartements et se fasse plus discrète.

Peu importent, au fond, vus de Paris, ces soubresauts du sérail, même si la vague fondamentaliste affecte en profondeur les choix stratégiques et diplomatiques du Qatar. À Paris, un intense travail de relations publiques précède les invitations à Doha. L'ambassadeur en France, Mohamed Jaham Al-Kuwari, possède une force de conviction indéniable. Intime du Premier ministre, ce diplomate

---

1. Entretien avec un des auteurs.

est arrivé dans l'Hexagone en 2001. « L'ambassadeur parle un français délicieux, possède beaucoup de retenue, se montre intelligent à souhait », explique un sénateur UMP et ancien communicant de Nicolas Sarkozy, le volubile et chaleureux Pierre Charon[1].

Lorsque l'ambassadeur reçoit un des auteurs de ce livre dans le superbe hôtel des Maréchaux, l'homme, affable, est souriant, comme toujours. Désespérément plat, le discours est rodé sur « les bonnes relations politiques, culturelles et scientifiques entre nos deux pays ». Ou encore sur « la France, pays ami, pays allié ». « Je connais tout le monde ici, j'ai sillonné le pays. » Ce qui est exact. Son Excellence a « honoré » du prix « Doha, capitale culturelle arabe », pour la seule année 2010, une soixantaine de personnalités du monde des médias et de la culture. Parmi elles, Dominique Baudis, patron de l'Institut du monde arabe (IMA) jusqu'en janvier 2013, Jack Lang, qui lui a succédé, Jean Daniel, fondateur du *Nouvel Observateur* et grande plume de la presse française, l'excellent dessinateur Plantu, la comique Anne Roumanoff. Ces heureux élus auront droit à une enveloppe de 10 000 euros. Parmi la kyrielle de ceux qui furent, au cours des ans, les récipiendaires de ce prix, on n'en compte qu'un seul à l'avoir retourné à l'envoyeur : Stéphane Hessel. Et un seul à avoir versé les 10 000 euros à une ONG : Vincent Hervouët, le pugnace et talentueux spécialiste de la

---

1. Entretien avec un des auteurs.

diplomatie à LCI. Cerise sur la photo, les heureux lauréats ont la chance de voir leurs trombines venir décorer les murs de l'ambassade ! En effet, rue de Tilsitt, il existe au sous-sol une sorte de musée des Honneurs, un mausolée où, sous un format identique, tous les amis du Qatar sont affichés. Disons plutôt coffrés[1]…

Tapis rouge pour les amis du Qatar lorsque Son Excellence l'ambassadeur accueille au Théâtre des Champs-Élysées un millier d'invités pour entendre jouer un orchestre qui, en matière de musique symphonique, a été surnommé « l'enfant prodige » de Doha. Rares sont les pays capables de créer ainsi un ensemble *ex nihilo*. Mais dans cette ambitieuse pétromonarchie, un coup de baguette magique de la cheikha suffit. Réunie en 2008 et dirigée par Lorin Maazel, la formation qatarie a fait l'objet d'un casting monstre. Plus de deux mille candidats pour une centaine de musiciens.

Pour les amateurs de chevaux, les invitations au grand prix de l'Arc de Triomphe, sponsorisé là encore par le Qatar, sont plus attendues que les concerts. En 2010, entre deux tentes qui permettent à quelques femmes intégralement voilées de protéger leur pudeur, sont présents à titre d'exemples Éric Ghebali, ancien « salarié » d'Alfred Sirven à Elf, aujourd'hui représentant le groupe Suez, Hervé Morin, ministre de la Défense et homme de cheval, Raphaella et Adrien, nièce et

---

[1]. Quelques-uns de ces heureux récipiendaires, brandissant leur diplôme d'honneur, ont vu leur photo publiée dans la presse.

neveu de Betty Lagardère, Michel Denisot, le présentateur du *Grand Journal*, qui sera pressenti à l'automne 2012 pour devenir le patron du PSG, Christophe de Margerie, le directeur général de Total, dont le Qatar est actionnaire. Ces mondanités mêlent habilement l'utile et l'agréable. Si le footballeur du Manchester United Michael Owen est convié, c'est que le Qatar songe, à l'époque, à racheter son club.

Le 18 décembre 2012, jour de la fête nationale qatarie, une même foule élégante se presse, comme chaque année, dans les salons du Pavillon Dauphine. À chaque invité est remis un petit coffret où des brochures de luxe, sur papier cartonné et glacé, vantent les dernières réalisations de l'émirat. On peut ainsi lire un reportage sur le Four Seasons Hotel George V de Doha, qui « adopte la notion de raffinement de la Ville lumière », ou encore une plongée au musée d'Art islamique, titrée en toute simplicité : « le plus court chemin de l'homme à l'homme ». On apprend aussi que « le golf est l'un des atouts majeurs du Qatar ». Pourquoi pas ? Mais l'argument avancé est inédit : « Ce golf représente énormément d'efforts et d'investissements, surtout quand on prend en considération l'eau qu'il nécessite par rapport à la spécificité de la région ». La « spécificité » de cette région désertique, à savoir son aridité, plaiderait plutôt, chez un esprit cartésien, contre un tel gaspillage.

Le plus extravagant est de découvrir le florilège des textes pondus par les amis du Qatar à Paris, rivalisant de flagornerie. Ainsi dans la revue officielle de l'ambassade, on pouvait lire un billet de Jack Lang, illustré par une photo de l'émir posant aux côtés de Nicolas Sarkozy. Ce texte sur « l'ambitieux projet de modernisation » de l'émirat est confondant : « Rien n'aurait été imaginable sans l'exceptionnelle action menée par Son Altesse cheikha Moza... » Cette prose était suivie par le billet de Dominique de Villepin, où les clichés le disputent à une platitude d'obligé. Plus loin, Tahar Ben Jelloun, déjà bien entraîné puisqu'on l'a connu chaleureux avec Hassan II, celui de la pire période, célèbre « l'engagement du Qatar pour rendre à la civilisation islamique la place exceptionnelle qu'elle mérite dans le monde ». Dans cet échantillon de flagorneries, il faut évoquer les billets des récidivistes et toujours si complaisants Dominique Baudis et Maurice Leroy[1]. Quant à la revue *Sport Qatar*, son premier numéro, distribué le 18 décembre, au moment de la fête nationale, était consacré à la « Naissance d'une nation sportive ». À la une de ce magazine, l'émir et la cheikha, tous deux statufiés, brandissent une coupe en or. Pas moins de trois ministres, alors en exercice, contribuent à cette jeune revue. Rappelons qu'elle est diffusée alors que Nicolas Sarkozy est encore chef de l'État. Dans un long entretien, Éric Besson loue les mérites de l'émirat. Cette

---

1. Dans la revue officielle de l'ambassade, leurs noms figurent comme « amis de l'ambassade », souvent, là encore, photo à l'appui. D'autres personnalités apparaissent : Hubert Védrine, Gérard Larcher, Jean-Louis Debré ; mais aussi Fadela Amara, ou encore Ségolène Royal que l'on a vues à Doha.

girouette, passée du socialisme au sarkozysme tout en restant « de gauche », n'est pas avare de chiffons à reluire. N'a-t-il pas parfait sa technique dans la Tunisie de Ben Ali ? Intéressé ce Besson : il a toujours rêvé de diriger un club de foot. Le Qatar, selon lui, poursuit donc une politique « visionnaire », est « un acteur majeur » du « développement pacifique et harmonieux du monde d'aujourd'hui... et de la solidarité entre les peuples ».

L'ancienne ministre des sports Chantal Jouanno, qui après un mea-culpa idéologique daube aujourd'hui sur Doha, voyait en 2011 dans le choix du Qatar pour le Mondial de 2022 « une avancée géopolitique et technique », « un choix d'universalité » (sic). Et ce n'est pas tout. Plus sérieusement, une autre plaquette loue les dernières acquisitions de Qatari Diar, la holding immobilière de l'émirat. Des fiches, en arabe et en anglais, décrivent les petites studettes à 500 millions d'euros que le Qatar possède à travers le monde. Le plus cocasse est la description des futures acquisitions immobilières à Lattaquié, fief alaouite au cœur d'une Syrie en pleine guerre civile, où les Qataris arment les insurgés. Prévoyant qu'un jour ses alliés jihadistes seront au pouvoir à Damas, le cheikh Hamad aura donc un pied-à-terre au pays des Omeyyades.

Pendant les combats, les affaires continuent.

CHAPITRE 7

Touche pas à mon Qatar

Avec Nicolas Sarkozy au pouvoir, l'année du Qatar en France dure cinq ans. Entre Paris et Doha, une alliance privilégiée se noue où se mêlent la diplomatie, le foot, le CAC 40, l'immobilier, les petits services et les gros contrats. Pour un Sarkozy grisé par la découverte de cet Orient-là, le Qatar devient incontournable. Depuis des lustres les relations entre les politiques français et le monde arabe ressemblent plus à une *vendetta* entre des gangs corses qu'à des palabres sous les dorures des palais. En courant toute sa vie après les bonnes grâces des pays pétroliers, Nicolas Sarkozy s'est sans cesse heurté aux intérêts de Jacques Chirac, son mentor puis son rival. Tous les coups furent permis.

Dans cette compétition, Chirac d'Arabie a toujours eu un temps d'avance sur tous les autres, incroyable prestidigitateur pour tisser des relations privilégiées avec la plupart des pays du Maghreb ou du Moyen-Orient. Pas question que « le nain »,

Chirac *dixit*, touche à ses précieuses chasses gardées. En 2005, Nicolas Sarkozy, alors ministre de l'Intérieur, s'entête et prétend partir pour l'Arabie saoudite afin d'y signer un accord sur la vente d'un outil de « sécurisation des frontières », dit « Miksa ». De fortes commissions, espèrent beaucoup d'intermédiaires, pourraient être versées dans ce contrat du siècle. Immédiatement, l'Élysée oppose un veto catégorique au voyage de Sarko. Un face-à-face s'engage. Furieux, Nicolas Sarkozy proteste, puis s'incline. *In fine*, personne n'obtiendra le fameux Miksa.

L'affection du couple royal qatari a toujours été profonde pour un autre duo, celui formé par Jacques Chirac et son héritier espéré, Dominique de Villepin. Lorsqu'en 1995 l'actuel émir, Cheikh Hamad, prend le trône de son propre père, Cheikh Khalifa, les Français font tout pour réconcilier le père et le fils. Chirac adore Khalifa et le Qatar… Il finira par adorer Hamad. Durant ses deux mandats le président va se rendre pas moins de neuf fois à Doha. Cet inconditionnel des régimes arabes les plus fermés, de l'Irak de Saddam Hussein à la Tunisie de Ben Ali, en rajoute dans ses transports amicaux : « Le Qatar, déclare-t-il à l'époque sans ciller, est par nature démocratique. »

La France chouchoute l'émirat, jusqu'au plus infime détail. Ainsi, dès la nomination du gouvernement Jospin en 1997, la nouvelle ministre de la Justice Élisabeth Guigou reçoit le procureur général-ministre de Doha.

« Nous ne buvons pas d'alcool, prévient l'entourage de ce dernier.

— Pas de souci, nous vous proposerons plusieurs sortes de jus de fruits.

— Certes, mais nous préférerions qu'il n'y ait pas du tout d'alcool sur la table. »

Intrigué, le cabinet demande à l'Élysée que faire. La consigne est claire : « Recevez les Qataris avec les égards qui leur sont dus. » Ce qui sera fait. Jus de pomme pour tous...

Des liens de confiance sont tissés entre les deux pays. En 2001 et à la demande de Jacques Chirac, alors chef de l'État, Jean-Claude Cousseran, ancien ambassadeur et patron des services secrets français, se rend au Qatar pour rencontrer l'émir. Il est accompagné de son fidèle second, Alain Chouet. Ils sont reçus dans le palais de l'émir, un immense cône de deux cents mètres de haut, d'où l'on domine, depuis de vastes terrasses, des hectares de gazon. Du bel ouvrage. « Lorsque j'ai vu Cheikh Hamad, j'ai eu le sentiment, raconte Alain Chouet, de me trouver face à mon petit-fils en train de jouer à la Nintendo. Il fallait le voir appuyer sur des boutons, une fois à gauche pour que le monde aille à gauche, une fois à droite pour que le monde tourne à droite ; toutes les dix minutes il avait la chaîne Al-Jazira en ligne pour les inciter à inviter une personnalité ou à en dézinguer une autre[1]. » Nos deux grands espions seront ensuite mis en relation avec le patron des services

---

1. Entretien avec les auteurs.

secrets qataris, un ancien général de l'armée de l'air. « En matière de terrorisme, poursuit Chouet, les Qataris ne sont pas blanc-bleu, ils savent très bien qui fait quoi. » Un peu comme les Algériens dans les années 1980 qui protégeaient les mouvements révolutionnaires, comme ceux de Carlos ou de la bande à Baader, et se faisaient volontiers les intercesseurs entre les pays occidentaux et les groupes en question.

En 2000, Nicolas Sarkozy, tel un assoiffé espère une source, se met donc à la recherche d'amis qui soient propriétaires de puits de pétrole. C'est Claude Guéant, son directeur de cabinet au ministère de l'Intérieur, qui élabore un scénario digne de *Tintin au pays de l'or noir*. L'assassinat en 2005 de Rafiq Hariri, Premier ministre libanais et intime de Chirac, permet à Sarkozy de se démarquer d'un président de la République affaibli puisque en deuil de son conseiller-mécène. Les Syriens sont suspectés par l'Élysée d'avoir été les instigateurs de la liquidation du président du Conseil libanais. Et ils ne sont plus reçus à Paris. Claude Guéant s'engouffre dans la brèche et se rapproche de Damas, où Assad peut offrir un trousseau de clés du monde arabe à Sarkozy. Cette proximité syrienne paye, le premier passe-partout ouvre la porte de Doha. Si étonnant que cela puisse paraître aujourd'hui, alors que le Qatar finance à fond les insurgés anti-Assad, à l'époque, Hamad et le président syrien ne se quittaient plus. Quand l'émir aime, il ne compte pas. Pendant leur lune de miel, il lui a offert un de ses avions et un autre

– plus modeste – à sa femme. En décembre 2005, la première rencontre a lieu entre Nicolas Sarkozy et les Qataris. Officiellement, il s'agit de préparer Milipol, le grand Salon international de vente de matériel destiné aux forces de police, qui doit se tenir l'année suivante au Qatar[1]. Dès la campagne présidentielle, HBJ rend discrètement visite au candidat Sarkozy installé dans son QG de la rue d'Enghien.

Tout rapproche les deux hommes : même goût de l'argent, même inclinaison pour les Américains, même proximité avec les Israéliens. Ils sont vraiment faits pour s'entendre. Avec son fameux yacht, son Airbus, son immeuble le plus cher de Londres, ou encore son hôtel particulier de trois cents mètres carrés à Paris, HBJ a compris comment il peut jouer auprès de Sarkozy le rôle que Rafiq Hariri a tenu auprès de Chirac.

En 2007, aussitôt Sarkozy élu, le Qatar devient son interlocuteur privilégié. Au sein des services secrets français, l'émir est ironiquement appelé « notre conseiller en affaires arabes ». Cette alliance diplomatique cache un projet qui touche à l'ensemble de la région. Pour Sarkozy, il s'agit de jouer un rôle très complexe où il peut à la fois taper dans le dos d'Al-Thani, de Kadhafi et d'Assad, tout en gardant des liens très forts avec

---

1. Ce salon étrange est un des rares endroits où se rencontrent des délégations israéliennes et arabes. L'ancien ambassadeur de France à Tunis, Yves Aubin de La Messuzière, se souvient que la première fois où il assiste à ce salon, aux côtés de Jacques Chirac, les Israéliens sont présents. Et que vendent-ils ? Du fil de fer barbelé, triste symbole !

Netanyahou. « En misant sur ces quatre hommes, écrit *Le Monde*[1], Nicolas Sarkozy se faisait fort de dépoussiérer la politique arabe de la France, moins d'effusions et plus de résultats, moins de posture et plus de contrats. »

Quinze jours après l'investiture du nouveau chef de l'État, le 30 mai 2007, le roi du Qatar signe à l'Élysée un contrat de 16 milliards de dollars, portant sur l'achat promis de quatre-vingts Airbus A 350. Récompense, le 14 juillet, l'émir et une cheikha forcément sublime participent aux cérémonies. Leur fils cadet, élève à Saint-Cyr, surnommé « Quinze-Tonnes » en raison de son surpoids, défile sur les Champs-Élysées. C'est alors que surgit la volonté commune de mettre fin au scandale des infirmières bulgares et du médecin palestinien, tous détenus par Kadhafi qui les accuse d'avoir transmis le sida en Libye... Bonnes affaires et succès diplomatique : l'alliance franco-qatarie va être consacrée devant les écrans du monde entier. Durant l'été 2007, un Nicolas Sarkozy en pleine gloire décide de régler le sort des malheureux otages du colonel. Contre toute attente, l'épouse du président français, Cecilia, dont il est pourtant en train de se séparer, devient la médiatrice de cette aventure. Ravi de ce battage, le guide libyen fait monter les enchères. Et exige une rançon de 350 millions d'euros.

Comment trouver la somme ? La France ne peut pas prélever de tels fonds. Nicolas Sarkozy ouvre

---

1. « Notre ami l'émir », une enquête par Christophe Ayad, Benjamin Barthe, Natalie Nougayrède, 22 mars 2012.

alors son tiroir-caisse : le Qatar. L'émir charge son Premier ministre de régler l'addition. C'est du moins la version officielle servie par Doha. « C'est moi en personne qui ai négocié, a raconté l'ambassadeur du Qatar en France au journal *Le Point*, j'ai été appelé en pleine nuit par mon Premier ministre. Je suis arrivé à Tripoli le 24 juillet à 5 heures du matin. À 6 heures, j'étais dans le bureau du Premier ministre libyen pour signer le chèque. Deux heures plus tard, les infirmières étaient libérées[1]. » À l'évidence, Kadhafi cherche plus une reconnaissance internationale et à faire courber des échines qu'à recevoir une aumône prétendument reversée aux victimes du sida. L'opacité de cet épisode est telle qu'on ignore même s'il s'agit de bluff ou si les fonds ont été effectivement versés …

Dans la foulée, Sarko et HBJ atteignent un état quasi fusionnel. Le 14 janvier 2008, une convention fiscale est signée à Doha entre les deux pays. De l'inédit ! L'article 8 allège considérablement l'impôt sur la fortune des Qataris propriétaires en France. L'article 12 de cette même convention prévoit l'exonération de tout impôt sur les plus-values immobilières. Sans le moindre débat, les députés votent, dès le mois d'octobre 2008, ce texte extravagant qui, selon l'argument officiel, vise à éviter toute « double imposition ». Aucun recours n'est déposé devant le Conseil constitutionnel alors qu'à l'évidence l'égalité devant la loi fiscale est rompue

---

1. *Le Point*, 14 juin 2012.

au profit du contribuable qatari. Pis, les élus se félicitent « de la rapidité du gouvernement » à faire ratifier la convention passée neuf mois avant. Comment justifier de tels cadeaux ? Chargée de présenter le projet, l'UMP Marie-Louise Fort, membre du groupe d'amitié France-Qatar, plaide « les liens politiques très forts avec l'émirat ». Et la même d'expliquer benoîtement : « Le Qatar a sans doute joué un rôle discret et sans doute décisif dans les négociations qui ont conduit à la libération des infirmières bulgares emprisonnées en Libye. » Disons que cette affaire des infirmières bulgares, qui laisse de profondes zones d'ombre, est un paravent bien utile pour justifier un cadeau qui se compte en dizaines de millions.

Tout aussi extravagant est le plaidoyer économique qui sous-tend les faveurs consenties à Doha. Un partenaire privilégié, le Qatar ? L'émirat est au centième rang des pays fournisseurs de la France, et au quarantième rang de ses clients ! Et encore, l'année 2008 est marquée par une contraction de 25 % de ces maigres échanges. « Tous nos dossiers sur le Moyen-Orient passaient par le Qatar », explique Alain Chouet qui, après avoir quitté la DGSE durant l'été 2002, a rejoint cinq ans plus tard la cellule élyséenne sur le terrorisme animée par Claude Guéant. Et le même d'ajouter : « Ce choix stratégique n'a pas été vraiment payant, les Qataris ne nous ont guère aidés, au final, à résoudre beaucoup de dossiers internationaux[1]. »

---

1. Entretien avec les auteurs.

Le faible poids économique du Qatar en France ne l'empêche pas de donner la main à la diplomatie de Paris, voire à la forcer. Ainsi le Liban, qui est une zone d'influence française, devient une préoccupation de Doha. En 2008, le dossier de l'élection d'un nouveau président du Conseil au Liban, reportée une douzaine de fois, est réglé par le Qatar et son allié d'alors, la Syrie. L'accord secret entre Paris, Doha et Damas répond à une logique diplomatique pertinente, comme l'explique Bernard Squarcini, l'ancien patron de la DCRI (contre-espionnage français), qui multiplie les voyages à Damas et à Doha durant cette période : « La Syrie peut avoir voix au chapitre dans le choix du futur président libanais à deux conditions. La première est qu'Assad contienne l'influence du Hezbollah. La seconde est qu'il permette que soit réglé, au plus vite, le contentieux entre Israël et l'Iran[1]. » Vaste dessein ! À l'époque, la feuille de route est en partie remplie à Beyrouth. Mais on a toutes les raisons de craindre que « la Paix iranienne » attende encore un peu…

Les bonnes manières faites à la Syrie pourraient, espère-t-on à l'Élysée, être payées de retour en termes de contrats bien rémunérateurs, l'obsession de Nicolas Sarkozy. Lors d'un de ses séjours à Damas, pour préparer le voyage présidentiel de septembre 2008, Alain Chouet reçoit un coup de fil de Nicolas Galley, chargé du monde arabe auprès du chef de l'État :

---

1. Entretien avec un des auteurs.

« Les autorités syriennes vous ont-elles parlé de moi ? demande-t-il à son interlocuteur.

— Pas du tout, pourquoi ? interroge Alain Chouet.

— Je vous expliquerai après votre retour à Paris. »

Ce dont Nicolas Galley s'inquiétait, c'était la progression d'un éventuel gros contrat d'achat d'Airbus, que le régime d'Assad avait laissé miroiter aux Français. « Pour les affaires, ne vous adressez plus à moi », tranche Chouet, formé à la rude école du renseignement et pas franchement habitué au mélange des genres.

Sous le règne de Nicolas Sarkozy, qu'il s'agisse du Qatar, mais aussi de la Libye ou de la Syrie, on assiste à une confusion des niveaux d'intervention. Les gros contrats, les petits services entre amis et la raison d'État, tout se retrouve dans la diplomatie parallèle pilotée par le secrétaire général de l'Élysée Claude Guéant.

Durant le quinquennat de Nicolas Sarkozy, nous l'avons dit, le Qatar s'intéresse de près à la question du Soudan, pays ami, confronté à la rébellion du Darfour, une province de l'Ouest, à la frontière du Tchad, et grande comme la France. L'émir prétend jouer les bons offices et y associer son ami Sarkozy. Une rencontre entre le président français et son homologue soudanais, Omar El-Béchir, est organisée à Doha le 29 novembre 2008. Drôle de télescopage où l'on voit Sarkozy serrer la main d'un président qui, quelques semaines plus tard, fera l'objet d'un mandat d'arrêt de la Cour pénale internationale pour « crimes de guerre ». Là encore, le fidèle Bernard Squarcini explique ce que masque cette surprenante initiative : « Regardez une carte de cette région du monde. D'un côté, vous avez l'Arabie saoudite, la Corne de l'Afrique, Djibouti, autant de régions islamisées. En face, on trouve le Sahel, la Tunisie, le Mali, qui ont été en partie épargnés. Entre les deux zones, le Soudan constitue un véritable verrou qui empêche les jihadistes de tous bords de communiquer entre eux. Il faut fournir au patron du Soudan de bonnes pantoufles bien chaudes et renforcer sa position. En un sens, heureusement que nous l'avons. » Face à un interlocuteur qu'il sent sceptique, l'ancien patron de la DCRI ajoute : « Alors bien sûr, le président Omar El-Béchir a des problèmes de minorités qu'il gère de façon brutale, la question des droits de l'homme n'est pas réglée. Mais il faut choisir le moindre mal entre ces atteintes aux libertés ou la gangrène. » Il n'est pas sûr qu'aujourd'hui nous n'ayons pas les deux : le drame au Darfour, la dictature au Soudan, et la gangrène jihadiste au Mali et dans tout le Sahel.

Autre initiative spectaculaire, Paris et Doha tentent, la main dans la main, de régler le dossier du soldat franco-israélien Gilad Shalit retenu prisonnier par le Hamas à Gaza. Lors de la visite d'État de Nicolas Sarkozy en Syrie, le président français apporte une missive des parents Shalit à son ami émir, présent à Damas. Plus tard, à la demande de l'Élysée, c'est Alain Chouet, le cerveau espion, qui part pour Doha y rencontrer l'émir en présence du chef du Hamas, le Palestinien Khaled Mechaal. Il s'agit de régler et la caution financière et le prix politique d'une telle libération. « Clairement, Nicolas Sarkozy était bien incapable de sortir des millions d'euros, reconnaît Chouet, c'était au Qatar de régler la note. » Hélas, quand l'envoyé spécial arrive à Doha, il comprend que le leader palestinien ne sera pas présent. « Désolé, regrette l'émir, il a été retenu à Khartoum. » Autrement dit, la tentative d'accord avec la France a capoté. « Ce seront les Russes, au mieux avec les Palestiniens, et aussi les Allemands, qui n'ont rien à refuser aux Israéliens, qui finalement négocieront la sortie de prison de Gilad Shalit, constate Chouet, la France n'est pas pour grand-chose dans cet élargissement. » Ce qui n'empêchera pas Nicolas Sarkozy de se pousser du col pour apparaître sur la photo.

Entre le président français et le Qatar, les services rendus sont quotidiens. Quand la France, en 2011, se retrouve avec ses 94 millions de doses de vaccin antigrippe A-H1N1, HBJ signe sans hésiter un chèque pour racheter 300 000 doses, dont son pays de 150 000 habitants n'a que faire. Un prêté pour un rendu, la même année, Nicolas Sarkozy donne un sérieux coup de pouce au Qatar pour l'acquisition du PSG, dont l'actionnaire est le patron de Colony Capital, Sébastien Bazin. Lequel cherche à vendre un petit tiers des parts qu'il détient dans le club pour 30 millions d'euros. Malheureusement, Doha qui mise une grande part de son image internationale sur la Coupe du monde de football en 2022, veut être maître chez lui. S'il achète, il veut tout.

Par chance, il se trouve que Bazin est un grand ami du président de la République. Leur amitié remonte à la prise d'otages, en mai 1993, par « Human Bomb », *alias* Erick Schmitt, d'enfants dans une maternelle de Neuilly, dont « Sarko » est maire. Parmi les otages figurait un enfant de Bazin. Leur relation est demeurée si étroite que, lorsque Nicolas Sarkozy eut un malaise au cours d'un jogging dans le parc de Versailles en juillet 2009, la seule personne à lui avoir rendu visite dans l'après-midi à la résidence de la Lanterne, en dehors de la mère de Carla Bruni, fut Bazin. Il suffit d'un coup de fil de Nicolas Sarkozy à son ami, et, par miracle, le Qatar devient actionnaire à 70 % du PSG, et pour un prix amical (autour de 45 millions d'euros). Un joli renvoi d'ascenseur qui n'a pas enchanté tout le monde. Et ce travail d'arbitre du président français va carrément fâcher la planète du foot quand les supporters finiront par apprendre le rôle qu'il a joué dans l'attribution du Mondial en 2022 à Doha. Ce qui est fait en janvier 2013, lorsque *France Football* révèle qu'à l'Élysée une réunion secrète a été organisée, le 23 novembre 2010, entre Michel Platini, patron de l'UEFA, Nicolas Sarkozy et le prince héritier qatari[1]. Ce

---

1. Il faut saluer la remarquable enquête du magazine *France Football* qui, dans son numéro du 29 janvier 2013, titré « Qatargate », a publié une enquête très riche sur les rapports unissant l'émirat au monde du foot. Notamment « Et si on réattribuait le Mondial 2022 », par Éric Champel et Philippe Auclair.

jour-là, le président avait demandé à Platini de donner sa voix au Qatar et non aux États-Unis, comme il l'avait d'abord envisagé. Miracle des vases communicants, le fils Platini, un juriste, est engagé comme haut cadre de la structure sportive qatarie. Dans l'affaire, nul n'a soulevé un possible conflit d'intérêts. Comme le dit un grand et vieil ami du Qatar, rendu mal à l'aise par l'étalage de ce culot : « Les gens du Palais feraient bien de se calmer avec cette politique qui indique que, chaque fois qu'ils obtiennent quelque chose, c'est qu'ils l'ont acheté... »

Cette énorme présence de l'émirat sur l'avant-scène de la politique arabe de la France, le fait qu'elle soit si voyante et qu'elle suggère, même faussement, la corruption, soulève beaucoup d'interrogations au sein du corps diplomatique. Les fonctionnaires des Affaires étrangères souhaitent que la question soit posée sous la forme d'un colloque ainsi intitulé : « À quoi sert le Qatar ? » Sous le règne de Nicolas Sarkozy, c'est peine perdue ! L'Élysée a enterré l'initiative. Le conseiller diplomatique du chef de l'État, Jean-David Levitte, a dit « non » à la proposition. Depuis son départ du pouvoir, pour son compte, Nicolas Sarkozy semble avoir répondu à la question, il continue de cultiver ses relations avec les réseaux qataris. Le 8 octobre 2012 on vit descendre l'ancien président au palace Four Seasons à Doha, puis faire son jogging sur la corniche face au désert avant de déjeuner avec le propriétaire du PSG, Nasser Al-Khelaïfi, puis de dîner avec le roi. Début novembre, il est à nouveau au Qatar, avant de s'envoler pour les Émirats arabes unis pour déjeuner avec le prince héritier.

Retour à Doha le 11 décembre 2012, pour découvrir un Sarkozy tout sourire. Il vient ici animé par l'irrépressible élan qui le pousse à marquer son immense intérêt pour les Jeux olympiques. L'ancien président estime que ces JO d'été ne peuvent avoir lieu ailleurs qu'à Doha. Non point en été mais en hiver. Il fait part de cette foi profonde, et gratuite, lors d'un forum organisé le 11 décembre 2012 par Richard Attias, l'homme que lui a préféré Cecilia... Décidément, les Qataris ont un vrai don pour la pacification et l'art de conjuguer les extrêmes. On assiste à un curieux spectacle où un ancien président, pour sa première intervention en public, se transforme en VRP du Qatar. Assurant le service, il fait un prix de gros. Non seulement il faut que le Qatar ait les JO d'été en hiver, mais il faut aussi décaler la Coupe du monde dans le calendrier. Par un miracle encore inexpliqué, Doha a fait le plus gros en obtenant le Mondial. Hélas, la saison d'été est trop chaude à Doha. Il faudrait faire en sorte que cet été devienne l'hiver... En effet, si dans leur région les Qataris sont capables de faire le « printemps », ils sont encore inopérants pour les autres saisons. Ce souhait d'un décalage n'a pas encore été tranché par la Fédération internationale de foot, mais cette inversion climatique, qui serait scandaleuse puisque totalement dérogatoire au droit de la FIFA, n'est pas impossible. Pascal Boniface, l'« ambassadeur » des sports du Qatar, n'a-t-il pas rencontré Sepp Blatter, le crésus du foot mondial...

Écoutons Sarkozy parler en chaire et en marchand des quatre-saisons, cette fois il évoque les Jeux olympiques que Doha rêve d'organiser : « Est-il indispensable que les Jeux olympiques, qui ont lieu tous les quatre ans, se tiennent au mois d'août ? Seraient-ils moins passionnants s'ils avaient lieu en juin ? A-t-on une vision si fragile de cet événement ? Une modification de quelques semaines bougerait-elle les colonnes du temple ? [...] Je dis cela parce qu'il y a des pays où il y a des chaleurs insupportables. Le calendrier n'est pas une ambition. Il faut adapter le calendrier. » Quelle contrepartie les Qataris ont-ils versée pour un *speach* si brillant ? Ou l'orateur était-il déjà sous contrat, comme un joueur de foot ? À défaut d'être demeuré aux affaires, l'ancien président, qui vient de lancer à Londres un fonds d'investissement d'un milliard d'euros, semble être resté en affaires[1].

Sans parvenir à le démontrer, certains fonctionnaires d'organismes internationaux soupçonnent l'émirat de constituer une formidable lessiveuse d'argent sale. « Les Anglo-Saxons ont des paradis fiscaux à Hong Kong et à Singapour, les Français désormais ont le Qatar », explique Abderrahmane Hadj Nacer, un ancien patron de la banque centrale d'Algérie. Un grand financier, résidant à Dubai, explique comment, pendant le « printemps arabe », « des avions 727 et A320, chargés de

---

[1]. Selon le *Financial Times* du 10 mars 2013, le Qatar aurait proposé d'investir 500 millions de dollars dans le fonds lancé par Sarkozy.

malles de billets, atterrissaient discrètement à Dubai. Les fonds étaient ensuite placés, dans la région et sans grand contrôle des autorités sur place, dans de grands établissements bancaires qui ont pignon sur rue ». Lors d'une émission sur France 3 consacrée aux « biens mal acquis », le 16 janvier 2013, l'avocat William Bourdon, qui a initié une procédure judiciaire contre le Congo de Sassou, le Gabon de Bongo et la Guinée équatoriale d'Obiang, se dit tout à fait convaincu du rôle trouble joué par l'émirat : « De nouveaux laboratoires de l'argent sale, explique-t-il, se sont créés à Dubai, à Hong Kong, à Singapour et au Qatar[1]. »

Si, en anglais, pour désigner une liaison amoureuse, on utilise le mot « affaire », au Qatar, les « *affairs* » sont les affaires. Ainsi un puissant Qatari tombe-t-il fou amoureux d'une magnifique journaliste du Koweït, la Lolo Ferrari locale. Comme on peut la voir à l'écran dans tout le Golfe, elle séduit aussi, et en parallèle, un très riche Saoudien. Hasard, les deux amoureux se retrouvent sur le paillasson de la belle. Sans conflit d'intérêts, tandis que la créature cathodique se refait une beauté, les deux soupirants se mettent à parler *business*. Le Saoudien est embarrassé, car, ayant accès à un énorme flot d'argent noir, il ne sait que faire pour le blanchir... Pour le puissant Qatari, ce n'est pas un problème : il peut s'occuper de ça. On ignore qui a emporté le cœur de la madone, mais, quelques mois plus tard, un proche de l'émir

---

1. Entretien avec les auteurs.

découvre que dans son dos passe un pipeline de dollars venus d'Arabie saoudite. À ce moment-là, le compteur affichait 1,8 milliard. Le jeune amoureux qatari est grondé et écarté d'une carrière politique toute faite.

Dans les procédures judiciaires aujourd'hui en cours en France, la seule piste qui mène au Qatar figure dans les dossiers du juge Renaud Van Ruymbeke et indique clairement que Doha n'est pas très regardant sur la provenance des fonds. Dans plusieurs procès-verbaux, l'intermédiaire libanais Ziad Takieddine accuse une banque genevoise. Cet établissement, le Crédit agricole suisse, aurait récupéré des commissions illégales versées dans le cadre de la vente des frégates françaises Sawari II à l'Arabie saoudite. Ce qui a été confirmé par les enquêtes judiciaires. La justice a découvert que le Crédit agricole suisse avait effectivement versé, après 1997, des sommes très importantes à deux sociétés écrans, Parinvest et Issham. Lesquelles étaient représentées par un haut cadre du Crédit agricole suisse, Wahib Nacer, et par un homme d'affaires saoudien fortuné, Khaled Bugshan[1]. Lors d'un interrogatoire, début décembre 2011, Ziad Takieddine a accusé MM. Nacer et Bugshan d'avoir placé les fonds provenant des commissions des frégates « dans des paradis fiscaux, en particulier au Qatar ». Le 2 avril 2012, le même bavard Takieddine se fait plus précis. Il évoque le place-

---

1. Voir à ce sujet *Le Monde* du 3 novembre 2011, *Le Point* du 9 novembre 2011 et le site Challenges.fr du 23 mars 2012.

ment de ces fonds détournés dans des filiales du Crédit agricole suisse implantées aux Bahamas d'abord, puis dans un deuxième temps au Qatar. Mais nous savons tous que, pour la majorité des juges et des journalistes, Takieddine n'est rien d'autre qu'un menteur…

Les commissions rogatoires internationales, si elles devaient être lancées un jour vers Doha, auraient-elles la moindre chance d'être exécutées ? Des comptes opaques ouverts à Jersey jusqu'aux appartements payés par l'émir au clan Ben Ali, le Qatar n'est pas un État qu'on inquiète.

CHAPITRE 8

À l'attaque du CAC 40

Plus qu'une nation, le Qatar est une multinationale. Sur la page d'accueil du site de l'ambassade de l'émirat en France, une formule lapidaire tient lieu de devise : « *Doing business is Qatar* ». Des conseils d'administration du CAC 40 aux pelouses du Parc des Princes, des magasins Harrods en Angleterre à la banque Dexia en Belgique, des sociétés minières grecques à l'établissement financier KBL au Luxembourg, les Qataris jouent un Monopoly planétaire. Pas une semaine sans que l'émirat ne fasse frémir les marchés financiers : un jour, un milliard de dollars est investi dans les mines d'or en Grèce ; le lendemain, le Qatar achète 5 % de la banque Santander au Brésil, 17 % de Volkswagen ou des centaines de milliers d'hectares en Australie.

Dès que le petit émirat bombe le torse, il nous propulse au cœur du réacteur financier de la mondialisation. Troisième producteur mondial de gaz après l'Iran et la Russie. Sans agenda national, du type échéance électorale, il dégage 30 milliards de dollars de cash annuel[1]. « Le Qatar est d'autant plus généreux, précise un financier du Golfe, qu'il commence à emprunter beaucoup d'argent auprès des banques, ravies d'aider un client si fortuné. Mais ce recours à l'endettement fragilise le pays. » Le Qatar dépense cette manne inespérée de façon très réactive. Pour arbitrer des grands choix d'investissements, l'émir et quelques alliés et parents sont seuls à décider. Les conseillers des princes qataris ne sont pas ces intermédiaires flamboyants, dont le nom traîne dans les procédures judiciaires. Ce sont des financiers internationaux, généralement anglo-saxons, qui cultivent la discrétion. Les décisions se prennent vite à Doha, et les effets d'annonce sont bien maîtrisés.

L'activisme du Qatar est récent. Dans les années 1990, personne ne s'intéressait réellement à ce pays largement endetté où un vieil émir préférait les séjours parisiens au Crillon, avec des amies, à la fréquentation des financiers. Le premier des grands industriels français et longtemps le seul à se rendre au Qatar aura été Jean-Luc Lagardère, décédé en 2003. L'amour partagé des chevaux et le fond de gaullisme manifesté par l'émir Khalifa ont dû aplanir les éventuelles divergences. Matra vend ses premiers missiles et Dassault pointe son nez. Mais les factures sont payées ric-rac puisque le pactole du gaz ne coule pas encore dans les tuyaux. L'État qatari était fauché et le roi réticent à l'idée d'apparaître parfois comme impécunieux. C'était l'époque, pas si lointaine, où

---

1. Ce qui n'exclut pas un taux d'endettement digne de l'Europe.

les Qataris se battaient les flancs pour réunir à Paris cent personnes le jour de la fête nationale.

À l'origine de cette grande fraternité entre l'émir du Qatar et Jean-Luc Lagardère, on trouve un personnage pétillant, un peu magicien, Jean-Paul Soulié. À l'époque de l'émir Khalifa, où peu de Français sont capables de situer le Qatar sur une carte, cet homme – qui a quitté une situation confortable pour un modeste poste à l'Office général de l'air – a l'idée de s'installer à Doha pour y représenter « les intérêts de la France »… Ce visionnaire, vraiment amoureux de son pays et qui n'est pas un homme de droite, plonge au cœur du grand capital. Tente de convaincre les pétroliers, les avionneurs et les marchands d'armes de jeter un œil sur le Qatar.

En 1995, quand Hamad destitue Khalifa, Jean-Paul Soulié tente de garder les positions tricolores. Pas simple puisque le coup d'État est *made in USA* et que la France est priée de s'écarter un peu. Soulié appelle Lagardère à la rescousse. Le seul à Paris capable de parler efficacement à l'oreille des puissants. Et le *business* continue.

Avec un temps de retard, Chirac, qui a soutenu Khalifa contre son fils, parvient à se retourner. Sa diplomatie devient très favorable au nouvel émir. Lagardère en profite et son épouse, Betty, entretient d'excellentes relations avec la cheikha. Au point que, lors du décès de Jean-Luc Lagardère, le couple de monarques ordonnera que l'on plante un magnifique arbre dans le jardin de l'hôtel particulier que Jean-Luc et Betty habitaient rue Barbet-de-Jouy, à deux pas des Invalides.

Durant l'automne 2001, l'enlèvement d'un grand reporter de *Paris Match*, un des titres phares du groupe Lagardère, démontre une solidarité sans failles entre les Qataris et l'industriel. Le 9 octobre, moins d'un mois après l'attaque contre le World Trade Center à New York, les bombes américaines s'abattent sur l'Afghanistan. Le pays est désigné comme le repaire de Ben Laden et d'al-Qaida. Incident mineur dans un conflit d'une violence absolue, Michel Peyrard est arrêté par des taliban sur la route de Kaboul.

Pour pénétrer ce front, en grand reporter sans visa et gonflé, Peyrard opte pour une méthode : le déguisement. À la frontière pakistanaise, il s'affuble d'une *burka*, monte à l'arrière d'une camionnette et part en avant. Mais ce journaliste est bien plus grand que toute Afghane et il attire l'œil d'un milicien. Fait prisonnier, il est transféré à Kaboul pour y être jugé comme espion. Au même moment, l'un des auteurs de ce livre est, lui aussi, grand reporter à *Paris Match*. Quelques jours après l'emprisonnement de Peyrard, il reçoit un appel téléphonique de Jean-Luc Lagardère. Il avait connu « Jean-Luc » trente ans plus tôt quand il était jeune journaliste passionné d'automobile, et avait apprécié sa courtoisie, son goût des autres. Lagardère n'avait rien d'un patron de choc. « J'ai besoin d'un ambassadeur et je souhaite que ce soit vous. Il faut sauver Peyrard. Venez me voir le plus vite possible. »

Quelques heures plus tard, « Jean-Luc » expose son plan : « L'émir est un ami, je connais bien ce pays et y suis attaché. Comme moi, ces gens ont la passion des chevaux. » Et de poursuivre : « Le Qatar est au croisement de toutes les influences. On trouve des soldats américains, des terroristes islamiques... là-bas tout est possible. Allez à Doha. Là vous serez pris en charge par Jean-Paul Soulié. Il vous conduira auprès du ministre des Affaires étrangères. »

Le lendemain, Soulié attend le reporter-ambassadeur aux portes du désert. Sa maison est un musée d'art contemporain surprenant. L'homme d'affaires accompagne l'envoyé jusqu'au bureau de HBJ. L'attente est brève, un homme assez grand, large d'épaules, tend la main avec un sourire qui semble s'ouvrir jusque sous les oreilles :

« Notre reporter, dissimulé sous une *burka*, s'est fait prendre par les taliban à Kaboul...

— Il est fou votre ami !

— Un peu. Jean-Luc Lagardère pense que vous pourriez nous aider à le faire libérer

— Que pouvons-nous ? Croyez-vous que les taliban soient nos amis ? »

Depuis son arrivée au pouvoir en 1995, l'émir maintient des liens avec toutes les forces politiques du monde arabe et musulman, même si elles sont salafistes, jihadistes ou plus simplement attachées à la confrérie des Frères musulmans. Les taliban sont tout sauf des ennemis du Qatar[1]. Dans les jours qui suivent, Doha va envoyer un hôpital de

---

[1]. Naturellement, les fous de Dieu afghans ont toujours conservé des relations privilégiées avec l'émirat. Les taliban ouvriront même, début 2013, un bureau de représentation à Doha pour favoriser les négociations avec le pouvoir afghan.

campagne à Kaboul... Miracle, le reporter de *Paris Match* est assez vite libéré. Le Qatar est aussi une ONG.

Les relations entre Jean-Luc Lagardère et l'émir restent privilégiées. Les deux hommes chassent ensemble, Jean-Luc promène son ami dans ses haras. Excepté Lagardère et Dassault, le Qatar n'a, à l'époque, pas grand succès auprès des groupes français. Personne ou presque jusqu'à la crise des « *subprimes* » en 2008-2009 ne frappe à leur porte. À l'exception du groupe Total, par l'odeur du gaz alléché, qui signe un premier contrat dès 1989. Mais la coopération ne va pas jusqu'au point de confier l'exploitation du trésor à des sociétés de l'Hexagone.

Qui entendait parler du Qatar en France il y a dix ans ? « Personne, on leur fermait les portes », explique Guy Alves, un ancien du cabinet de Jean-François Copé qui a beaucoup travaillé pour l'émirat[1]. Les fonds souverains n'étaient encore que des gros mots. C'est le déclenchement de la crise financière mondiale qui commence à susciter l'intérêt des financiers. La Qatar Investment Authority (QIA), 210 milliards de dollars gérés sous la houlette des banquiers de HSBC, possède sur la baie de Doha une tour vertigineuse, surmontée d'un dôme de verre bleuté. C'est là qu'ont afflué des dizaines de banquiers étrangers, laissés sur le carreau par la faillite de Lehman Brothers. Depuis, la France est devenue l'un des nombreux

---

1. Entretien avec les auteurs.

pays où les Qataris font leurs emplettes. Il s'agit, pour une valeur estimée à six ou sept milliards d'euros – une aumône –, de participations minoritaires dans Total (3 %), Lagardère (12,8 %), Vinci (7 %), Veolia (5 %), Vivendi (5 %), Suez (1 %) ou encore France Télécom ou LVMH (1 %). Et encore, explique le gestionnaire d'un fonds d'investissement qui travaille avec l'émirat : « Le Qatar ne déclare pas toutes ses participations à l'Association des marchés financiers (AMF) et fait porter une partie de ses fonds dans les grands groupes français par de fidèles alliés. »

Hélas pour les Qataris, la plupart des investissements industriels de ces dernières années se sont soldés par une sévère dégringolade. Ils ont bien tenté quelques grandes opérations dans des secteurs clés : l'eau, les mines, les industries de défense. Mais, au final, ils ne jouent qu'exceptionnellement un rôle stratégique et restent des actionnaires minoritaires. Certes, le Qatar s'est constitué de formidables réseaux qui croisent la politique, les affaires, l'islam, le sport, les médias, l'immobilier, mais dans un enchevêtrement que les principaux intéressés ne parviennent pas toujours eux-mêmes à maîtriser. Un homme d'affaires influent, qui les connaît « par cœur », explique : « Les Qataris couvrent les choix des financiers qui travaillent pour eux, mais ils ne gouvernent strictement rien. Il existe une impossibilité humaine à ce qu'ils gèrent eux-mêmes ces instruments. Ils ne sont que 150 000, ne travaillent guère et sous-traitent beaucoup. »

À Paris, les Qataris ont choisi leurs *missi dominici*, quelques personnalités conseillent discrètement le Qatar : Jean-Paul Gut, l'ancien grand argentier de Jean-Luc Lagardère, très proche de HBJ désormais installé à Londres ; Claude de Kemoularia, ancien ambassadeur à l'ONU ; François Roussely, qui fut un haut fonctionnaire socialiste rigoureux lorsqu'il travaillait auprès de Pierre Joxe, reconverti aujourd'hui au Crédit suisse, dont le Qatar est un actionnaire ; Dominique de Villepin, l'ami numéro un.

L'ex-Premier ministre, grand amateur d'art, est un des deux seuls Occidentaux à siéger au conseil d'administration de l'autorité des musées du Qatar, animée par la princesse Mayassa, cette fille de l'émir qui voit en « Dominique » « un deuxième père ». La deuxième personnalité étrangère à participer à ce cénacle prestigieux est l'Américaine Marie-José Kravis, l'épouse d'un richissime banquier et une des rares femmes à siéger à la fameuse fondation Bilderberg, où se côtoient les grands de ce monde. « Avec elle, constate un homme d'affaires, nous sommes au cœur de la machine financière du Qatar. »

Au sein du groupe Suez, dans le capital duquel les Qataris entrent en 2008 à hauteur de 4 %, leur correspondant est un certain Éric Series, fondateur du site Owni. Proche de la *jet-set* parisienne, où il se fait surnommer « le Baron », ce Franco-Mauricien traîne dans le sillage des Qataris depuis le début des années 2000, et fréquente même les discothèques de Doha. Son principal contact s'appelle Kamal Ali Youssef Hussen, le fils de l'actuel ministre des Finances, un des hommes forts du régime. À l'époque des virées avec Éric Series, le jeune Kamal n'était que troisième secrétaire à l'ambassade du Qatar en France. Mais il jouait les milliardaires excentriques. Un jour de 2003, au volant de sa Porsche, il s'est fait prendre par un radar italien à 200 km à l'heure dans le tunnel sous le Mont-Blanc.

Grâce à ses relais à Doha, Éric Series devient le Monsieur Qatar du groupe Suez. Une convention d'« assistance au développement » sur les activités énergie et environnement est signée entre le groupe et l'émirat, via la société Aring Up. Mais très vite, cet intermédiaire et ses associés se trouvent dans le collimateur de la direction de la Sûreté de Suez. Les flics internes demandent une enquête sur ces nouveaux venus. Les auteurs du rapport concluent : « La personnalité d'Éric Series et de ses proches laisse douter de leurs réelles capacités. Le parcours professionnel de ces personnes ne fait en aucune manière apparaître une capacité particulière à jouer le rôle auquel elles prétendent. Les activités du tandem Éric Series et Kamal Ali laissent penser qu'il s'agit là plus de *"jet-seters"* que d'hommes d'affaires. » Et de conclure : « Tout cela ressemble à une arnaque », le terme étant souligné en gras dans la rédaction du rapport.

Peu importent ces mises en garde ! Éric Series se rapproche d'un autre Éric, Éric Ghebali, influent conseiller de Gérard Mestrallet au sein du groupe Suez. Séducteur et mondain, cofondateur avec

Julien Dray et Harlem Désir de l'avatar socialiste SOS Racisme, époux de l'animatrice Daniela Lumbroso, ancien patron du magazine *Globe*, Ghebali est l'homme clé du rapprochement entre le Qatar et la gauche française. En 2008, Series et Ghebali parviennent à convaincre Gérard Mestrallet, le patron de Suez, de laisser le Qatar investir dans son actionnariat. C'est l'époque où l'on voit Mestrallet au prix de l'Arc de Triomphe...

Selon des anciens du groupe, ses actions de « lobbying » valent à Éric Series d'être payé annuellement par Suez, « au moins 150 000 euros », via une de ses sociétés, la Qatar-China Project Management Company, qui cherche à mettre en relation des sociétés chinoises et des fonds d'État à Doha pour de grands chantiers de travaux publics, comme l'explique Éric Series lui-même[1]. Tout va donc pour le mieux pour ce jeune amateur de nuits blanches. Du moins jusqu'à ce jour fatal de 2008 où les Qataris diminuent brutalement leur participation dans le groupe Suez de 4 % à 1 %, pour investir dans Veolia. Gérard Mestrallet, qui participe ce jour-là à une conférence sur les investissements français dans le Golfe, apprend la nouvelle par un simple fax. La chute est rude.

De Suez à Veolia... C'est l'énigmatique Alexandre Djouhri, *alias* Alex, un homme d'influence aussi proche de Claude Guéant que de Dominique de Villepin, qui joue un rôle clé dans ce transfert réussi, comme on le dit au foot. À l'époque, Henri

---

1. Entretien avec les auteurs.

Proglio quitte la présidence de Veolia pour prendre la tête d'EDF. Les liens, jusque-là excellents, entre Proglio et Djouhri se distendent. L'emprise de ce dernier sur le groupe Veolia, qui va mal, se confirme. Il faut à tout prix recapitaliser l'entreprise. Alexandre Djouhri convainc Antoine Frérot, le nouveau patron du groupe, de faire appel aux Qataris... Trois années plus tard, le cours de l'action de Veolia s'est écroulé. Certains au Qatar commencent à regretter leur choix.

Autre mauvaise pioche, le rachat de la Cegelec, un groupe d'ingénierie électrique, va se révéler un total fiasco. Pendant quinze mois, la situation se dégrade, sans que les représentants du Qatar répondent aux convocations du conseil d'administration. Là encore, c'est Éric Series qui sert de *go-between* entre les Qataris et le groupe Vinci. En 2009, Vinci reprend au fonds Qatari Diar les titres de propriété de la Cegelec, contre une participation de 5,6 % dans son propre groupe. Au passage, Doha aurait perdu quelques centaines de millions d'euros. Le groupe Vinci, en revanche, obtient dans la foulée de gros contrats au Qatar. Et c'est en lisant le journal que le patron de la Cegelec, qui négociait sa reprise par un autre groupe, apprend que les Qataris ont cédé sa firme à Vinci...

Ce n'est pas la dernière déconvenue de l'émirat. Dès 2006, les Qataris sont sollicités par le groupe Areva, le numéro un mondial du nucléaire, pour rentrer au capital d'un groupe confronté à de très grandes difficultés financières. Le fonds souverain refuse les avances d'Anne Lauvergeon qui préside le groupe. Dans son opération, le seul objectif de Doha est de s'emparer du secteur minier d'Areva. Dans une des plus féroces bagarres industrielles de ces dernières années, les Qataris, aidés par leurs puissants alliés à Paris, vont s'employer à atteindre cet objectif. Ils savent qu'ils peuvent compter sur Henri Proglio, le patron d'EDF, ainsi que sur Claude Guéant, secrétaire général de l'Élysée.

Le lobby élyséen imagine une refonte totale de la filière nucléaire en France. Elle serait placée sous la houlette d'EDF et d'un Proglio qui deviendrait le seul patron de ce secteur stratégique. Yazid Sabeg, grand spécialiste du monde arabe et membre de l'influente Grande Loge nationale française (GLNF), qui a ses entrées chez Claude Guéant, est pressenti pour la présidence d'Areva. Un samedi matin, alors qu'il prend un café avec un de ses fils, il reçoit même un coup de fil de Nicolas Sarkozy. « Allô, Yazid, c'est Nicolas. Pour Areva, c'est conclu, tu seras le président[1]. » En raccrochant, cet industriel d'origine algérienne a les larmes aux yeux.

Dernière pierre apportée à la restructuration du nucléaire français, le secteur minier d'Areva devrait fusionner avec Eramet, un consortium qui regroupe de nombreuses participations minières (nickel, manganèse). Dans ce vaste jeu de dominos, Claude Guéant fait alliance avec Sébastien de Montessus, qui est à la fois responsable des mines d'Areva et

---

1. Confié aux auteurs par un témoin de l'appel téléphonique.

administrateur d'Eramet. D'abord protégé par Anne Lauvergeon, ce Rastignac a été convaincu par l'Élysée. Son objectif est de constituer une société introduite en Bourse, « la très grande minière », fusion des activités d'Areva et d'Eramet, sur fond d'un soutien financier massif des Qataris, qui en rêvent depuis longtemps.

Sur le papier, le projet ne manque pas de rationalité. Seul souci, les adversaires d'une telle restructuration sont nombreux. En première ligne, Anne Lauvergeon, qui ne veut pas perdre sa place. Suivent les propriétaires d'Eramet, le ministère des Finances, le corps des Mines. Dernier obstacle, et de taille, François Fillon, Premier ministre. Il met tout son poids, jusqu'à sa démission, dans la bataille. Cette addition des « contre » finit par faire beaucoup de monde.

Les grandes manœuvres du nucléaire français, véritable feuilleton de la fin du règne de Nicolas Sarkozy, mobilisent des réseaux aussi puissants que féroces. Dans cette guerre économique où s'étripent les prétendants, les hommes de l'ombre s'agitent, les coups tordus se multiplient, les communicants, via des journalistes amis, aiguisent leurs stylos et publient des livres qui tombent à pic.

Avec un écrivain comme Pierre Péan dans son cercle, le clan Lauvergeon s'adjoint les services d'Anne Méaux, la patronne d'Image 7, une boîte de communication et d'« influence ». En face, le clan Proglio-Guéant fait appel à Euro RSCG. Au final, la filière nucléaire française n'est pas restructurée. Anne Lauvergeon est écartée ; Areva, qui, contre des milliards d'euros, a acheté des mines d'uranium qui restent virtuelles, peine à se recapitaliser. Hors jeu, les Qataris se désintéressent du dossier. Finalement, même avec le soutien de l'Élysée, le petit émirat a perdu ! Après l'eau et l'électronique, la guerre du nucléaire, la troisième bataille dans sa conquête de l'industrie française[1] est un fiasco[2].

Ce n'est pas tout. Même au sein du groupe Lagardère, leurs espoirs sont en partie déçus. Les Qataris montent en puissance dans le capital de

---

1. *Bakchich Hebdo*, n° 16, du 20 au 26 mars 2010, « La guerre du nucléaire fissure le pouvoir ».

2. Dans ce combat de catch, qui avait pour but d'empocher les mines d'Areva, le Qatar aura finalement de la chance quand on sait les étranges aventures africaines d'Anne Lauvergeon. Vus de Bangui, les rêves en plutonium prennent aujourd'hui une drôle de tournure. Depuis 1959 les prospecteurs promettent de l'uranium à la pelle à M'Patou, près de Bakouma. Mais ce n'est que le 26 février 2006 que les affaires sérieuses commencent, par la grâce d'une convention signée à Bangui entre l'État du putschiste le général Bozizé et Uramin CAR Limited, une société canadienne mais de droit des îles Vierges britanniques. L'article 2.1.1 prévoit la constitution d'une société centrafricaine qui « aura pour objet de détenir le permis d'exploitation et de conduire les opérations minières ».

En août 2007, Areva lance une OPA amicale sur Uramin et le mariage donne la société Uramin Centrafrique SA. Le sémillant Patrick Balkany, grand ami de Sarkozy et qui papillonne en Afrique, veille au bon avancement du dossier. Tout est donc signé entre Areva, Uramin et la Centrafrique... on trouve même un paraphe étonnant, celui de Georges A. Forrest, un citoyen néo-zélando-belge, et aussi magnat des mines dans la république du Congo Kinshasa. Ce grand ami de Balkany ne se cache pas et signe en tant que « facilitateur » !

Mais, patatras ! par le truchement de maître Jacques Vergès, le général-président Bozizé fait remarquer que la société Uramin n'a pas acquis le « droit d'exploiter ». Autrement dit, la princesse Anne a acheté pour deux milliards de dollars un gisement où sa boîte n'aurait pas le droit d'aller piocher. Dans ce casino nucléaire, l'heureux Qatar a donc échappé à l'arnaque.

l'actionnaire d'EADS, ce groupe stratégique qui livre notamment les Airbus et du matériel de défense à Doha. En deux étapes, fin 2011, puis début 2012, la Qatar Investment augmente sa participation. Pour quoi faire ? On ne sait pas trop ! Les relations entre Arnaud Lagardère et l'émir ne sont plus aussi confiantes qu'à l'époque faste de son père. Le Qatar obtient pourtant un siège au conseil de la branche sport de Lagardère. Reste le groupe Total, présent depuis des lustres. Mais le Qatar regarde de plus en plus vers l'Asie. La capacité d'auto-approvisionnement des Américains en gaz de schiste et pétrole force les pays du Golfe à s'associer de plus en plus avec le Japon, la Corée et la Chine.

Même dans le luxe, les acquisitions du Qatari Luxury Group se sont faites très au-dessus du prix du marché[1]. Avec l'aide d'anciens de LVMH, la cheikha, qui préside elle-même ce fonds, cherche en effet à lancer sa marque. Au début de 2012, les Qataris acquièrent la marque Le Tanneur, dont la principale usine se trouve sur les terres de François Hollande en Corrèze. *In fine*, l'acquisition se fera pour la somme de 27,5 millions d'euros. « Ce fut une très bonne affaire, les autres offres étaient moitié moins élevées, à peine une douzaine de millions d'euros », se réjouit Hervé Descottes, le fondateur

---

1. Le fonds Qatari Luxury Group a acquis, outre Le Tanneur, la maison Valentino en Italie, et détient une part symbolique de LVMH. La clientèle des Émirats, qui aime le luxe et la mode, représente en effet un marché très attractif.

et ancien propriétaire du Tanneur, qui a vendu ses parts aux Qataris[1].

Les participations minoritaires du Qatar dans le capital de quelques grands groupes masquent le véritable objectif industriel de cet engagement financier. Ouvrir la porte de sa capitalisation à la petite presqu'île, c'est être certain de travailler à Doha, là où se trouvent les marchés et l'argent. Les innombrables appels d'offres lancés par le petit émirat pour de grands chantiers immobiliers, ou encore pour préparer la Coupe du monde de football de 2022, constituent la vraie puissance de feu des Qataris. Le seul groupe Bouygues, dont on connaît les liens avec Nicolas Sarkozy, a bénéficié déjà d'un marché d'un milliard de dollars pour ériger des tours monumentales. Remarquons que ces commandes ont été passées en 2008, peu de temps après la visite d'État de l'ancien président, accompagné de quinze ministres. Désormais, en vue du Mondial de foot, Martin Bouygues lorgne sur la construction de neuf stades.

Pour autant, la « qatarisation » de la France industrielle n'est pas à l'ordre du jour. L'omniprésence médiatique du Qatar sur des thèmes porteurs que sont les banlieues, la télévision et le sport tient en partie du mirage. Le Qatar n'est pas le premier investisseur des pays du Golfe, et de très loin. Avec leurs 210 milliards de dollars d'actifs – d'après les chiffres du Fonds monétaire international –, les Qataris restent largement en deçà des

---

1. Entretien avec les auteurs.

dotations d'Abu Dhabi Investment Authority (637 milliards de dollars), de Saudi Arabian Monetary Agency (472 milliards) ou même de Kuwait Investment Authority (296 milliards de dollars). « On accorde beaucoup trop d'importance au Qatar par rapport à la réalité de leurs investissements financiers », explique Fatiha Dazi-Héni, une des rares universitaires à connaître les finesses des politiques du Golfe[1]. Seulement voilà, les grands pays pétroliers du Golfe se sont toujours voulus discrets. Le secret est leur marque de fabrique.

Deuxième bémol à la boulimie de cet émirat en France, ses investissements dans l'industrie française sont modestes par rapport à ce qu'il investit sur l'ensemble de la planète. Au total, les fonds dépensés dans l'Hexagone ne représentent que 10 % du volume cumulé. Une aumône… Le Premier ministre du Qatar, celui qui possède les clés du coffre-fort, n'est guère francophile. De la France il n'aime que Sarkozy.

La Grande-Bretagne est le pays où les Qataris investissent, trois fois plus qu'en France[2]. Leurs emplettes y sont innombrables : 6,65 % des fonds de la Barclays, 18 % de Sainsbury's, le magasin Harrods racheté au prince Mohamed Al-Fayed, et tant d'autres investissements. Leur représentant de commerce préféré à Londres, l'ancien Premier ministre Tony Blair, fait des merveilles. L'Anglais

---

1. Entretien avec les auteurs.
2. L'ouverture sur le monde anglo-saxon est un atout majeur de HBJ dans la guerre de succession qui l'oppose actuellement au prince héritier Tamim.

a la réputation de bien vendre ses services. « Il nous coûtera cher, celui-là », s'était un jour amusé Kadhafi, alors que Blair sortait de sa tente après lui avoir proposé de travailler pour lui[1]. Mais les Qataris ne regardent pas à la dépense. Un proche de l'émir nous a confié que « cet homme est prêt à payer le double de la valeur, et parfois davantage »... Plus d'un million de livres (1,24 million d'euros) d'honoraires pour trois heures de travail : telle est la colossale commission perçue par Tony Blair pour avoir facilité l'OPA du géant des matières premières Glencore contre le groupe minier helvétique Xstrata, dont le Qatar est actionnaire. Les Suisses traînent-ils des pieds ? L'ex-Premier ministre britannique téléphone sans plus attendre à son ami, Hamad Ben Jassim Al-Thani, le Premier ministre. Dans la soirée du 7 septembre 2012, comme le raconte le journal *Le Monde*, Ivan Glasenberg, patron de Glencore, l'émir du Qatar et Tony Blair se retrouvent dans une suite du palace londonien Claridge's, protégée par une porte doublement matelassée. L'OPA est couronnée de succès.

Autant d'investissements sans vraie cohérence, de centres de décisions cloisonnés, d'absence de transparence, de circuits parallèles qui, sur le plan industriel, ne font pas du Qatar un dragon. À une exception notable, celle des acquisitions immobilières où l'émir et ses proches ont réussi quelques très fructueuses opérations, même si, au départ, la

---

1. Entretien d'un témoin de la scène avec les auteurs.

pierre était surpayée. C'est un secteur où faire la culbute est facile : « Dans le domaine immobilier, les Qataris sont capables d'arrogance. Ils ne font confiance à personne, ils travaillent avec des gens qui ne pensent qu'à les rouler, à prendre l'oseille, puis à se barrer. Eux-mêmes font preuve d'une radinerie hors du commun. » Cette appréciation peu flatteuse sur l'appétit du gain des Qataris et de leurs commissionnaires provient d'un de leurs anciens associés à Paris, choqué par leurs méthodes brutales.

Et le même de conclure : « La bulle financière qatarie va un jour exploser. »

CHAPITRE 9

L'immobilier, cette boîte noire

Avant même de devenir, à la faveur de la crise de 2008-2009, l'un des principaux pourvoyeurs de liquidités pour un certain nombre de groupes français, le Qatar avait découvert l'immobilier. Avec quelle frénésie ! Les principaux membres du clan de Doha ont acquis quelques superbes joyaux à Paris et sur la Côte d'Azur.

L'émir lui-même possède dans la capitale un magnifique duplex de plusieurs centaines de mètres carrés, à l'angle de la rue Cambon et de la rue de Rivoli. Pour la petite histoire, Jacques Chirac et Dominique de Villepin se sont croisés un jour au pied de cet immeuble, le premier se rendant chez l'émir et le second venant de lui rendre visite. Alors qu'un contrôle judiciaire strict, en pleine affaire Clearstream, leur interdisait tout contact, les deux hommes ont eu ce jour-là un rapide aparté.

Place Vendôme, le roi de Doha a également acquis, et surpayé, le magnifique hôtel d'Évreux, ainsi que tout le bloc d'immeubles attenant. Soit quarante-sept mille mètres carrés mis en vente par le Crédit foncier. À l'époque, le directeur général de cette banque avait demandé à un marchand de biens parisien de rechercher des acheteurs. Le milliardaire et propriétaire du journal *Le Point*, François Pinault, était sur les rangs à condition d'obtenir des prêts bancaires avantageux. Sans crier gare ni prendre rendez-vous, l'émir du Qatar, qui logeait au Ritz, à deux pas, frappe à la porte. Conduite dans le plus beau salon de l'hôtel particulier, Son Altesse demande qui peut bien avoir acheté l'immeuble qu'il voit en face. « L'émir de Bahreïn », lui répondent les banquiers du Crédit foncier. « Ah bon, réagit immédiatement le roi, et bien j'achète celui-ci, et cash. » *Exit* Pinault, place à l'émir.

L'ambassadeur reçoit ses nombreux hôtes rue de Tilsitt, dans un de ces magnifiques hôtels particuliers, dits des Maréchaux, qui entourent la place Charles-de-Gaulle. Mais l'acquisition privée la plus spectaculaire et la plus ancienne du clan familial fut l'hôtel Lambert qu'acheta, comme nous l'avons déjà évoqué, le frère de l'émir et ancien Premier ministre, le très francophile Abdallah. La facture fut lourde mais moins que prévu puisque au final férocement renégociée par un ami du prince. La superbe propriété du baron de Rothschild, qui date du XVIIe siècle, où vécurent Chopin et Voltaire, fut vendue 90 millions d'euros. Avec ses quatre ascenseurs, son parking et sa vingtaine de salles de bains, la rénovation de cette demeure historique, pour 40 millions d'euros au total, va provoquer une intense polémique. Une pétition est signée, les associations saisissent les tribunaux. Mais, dans un premier temps, les travaux envisagés avaient été autorisés par Christine Albanel, la ministre chiraquienne de la Culture. Chirac n'avait rien à refuser à la fratrie de Doha. « C'est une famille nombreuse », avait précisé l'avocat, maître Jean Barthélemy, lors d'une audience du tribunal administratif de Paris.

HBJ achète, lui, au bois de Boulogne, une maison appartenant à Serge Dassault, qu'il va finalement revendre. Dans le même temps, l'État du Qatar fait l'acquisition de l'immeuble du *Figaro*, boulevard Haussmann, qui appartient, lui aussi, au groupe Dassault... Comme souvent dans l'émirat, les transactions privées chevauchent les contrats de l'État qatari. Les sommes en jeu, quelque 6 à 7 milliards d'euros pour leurs seuls biens en France, sont importantes sur le marché de l'immobilier à Paris. La liste est longue des propriétés qataries dans l'Hexagone : l'hôtel Royal Monceau, au cœur de la capitale, plus un « lot » de trente-cinq mille mètres carrés sur les Champs-Élysées, dont la galerie commerciale Élysée 26, et l'immeuble occupé par Virgin et repris de Groupama, l'ensemble pour 500 millions d'euros. D'autres acquisitions encore : à Cannes, le Carlton et le Martinez, à Nice, le Palais de la Méditerranée. Et jusqu'à Bagneux où la Direction générale de l'armement loue quinze hectares à une banque qatarie[1].

---

1. Cette dernière indication figure dans le magazine *Marianne* qui consacre dans son numéro du 5 au 11 janvier 2013 une enquête aux investissements du Qatar en France.

Place de la Concorde, le fonds souverain qatari, la Qatar Investment Authority (QIA), se loge dans l'hôtel de Coislin, accolé au Crillon. Officiellement, le magnifique immeuble est loué à une obscure société hollandaise, Matapan, qui l'a acquis en 2000. Ici l'établissement observe très largement les règles du droit du travail : on ne compte qu'une dizaine de salariés pour occuper 3 200 m^2 carrés ! L'actionnaire discret et unique de Matapan n'est autre que l'émir, ravi de louer ses locaux à son propre État représenté par la QIA. « Autrement dit, explique un ancien banquier, le Premier ministre, patron du fonds souverain, loue l'hôtel particulier à l'émir qui gère d'autant mieux ses affaires à Paris qu'il avait acheté cet immeuble pour une bouchée de pain[1]. »

L'acquisition de cet hôtel particulier ne semble pas avoir été marquée par la transparence. En 2002, avait révélé *L'Express*[2], la justice française s'était intéressée aux conditions dans lesquelles le richissime homme d'affaires d'origine saoudienne Gaith Pharaon avait vendu deux ans auparavant l'hôtel de Coislin à la société néerlandaise pour 44 millions d'euros. Le parquet de Paris avait ouvert une information judiciaire pour « blanchiment », confiée au juge Renaud Van Ruymbeke. L'enquête, comme souvent, s'est perdue en chemin.

Autre affaire rocambolesque, un appel d'offres est lancé par l'État français, en juin 2007, pour

---

1. Entretien avec les auteurs.
2. *L'Express*, 5 juin 2003, « Le mystère Pharaon », par Gilles Gaetner.

vendre le centre Kléber, trente mille mètres carrés situés au numéro 24 de cette avenue prestigieuse, à deux pas de la place de l'Étoile. Après avoir été l'hôtel Majestic, siège de la Kommandantur pendant l'Occupation, l'immeuble abritait finalement des fonctionnaires du Quai d'Orsay. C'est dans ce lieu historique qu'ont été signés les accords mettant fin à la guerre du Vietnam en 1973. Avant de se porter acquéreur, l'émir avait tenu à visiter la grande salle du centre de conférences. Dans ce vaste espace occupé par les bureaux et les écrans plasma des diplomates du Quai, l'émir restera, de longues minutes, dans une sorte d'extase. « Nous venons de rien, confie alors son directeur de cabinet à ses interlocuteurs français, alors que vous avez, vous, deux mille ans d'histoire. C'est cela que nous venons acheter. »

Les conditions de rachat et de gestion du centre Kléber laissent perplexe. Vingt-sept compétiteurs sont intéressés par ce magnifique emplacement, dont l'homme d'affaires Alexandre Allard, soutenu par les Caisses d'épargne et la banque Lazard, qui proposent d'abord 370 millions d'euros. Masqués, les Qataris vont concocter quatre offres différentes, dont une, portée par le fonds privé Barwa, va l'emporter en mettant au pot 404 millions d'euros. La marque de fabrique des Qataris ? Ces 4 millions d'euros additionnels : « Ce sont des commerçants dans l'âme, rusés et qui négocient comme au marché aux bestiaux, en jouant sur des idées simples, raconte un des compétiteurs, ils supposent que le concurrent va mettre sur la table un compte rond de 400 millions, eux font une offre de 404...[1] »

De façon surprenante, les Qataris, peu de temps après avoir gagné l'appel d'offres, revendent le centre à une autre société qui leur appartient pour la somme de 453 millions d'euros ! À travers la cascade de transactions entre amis, des fonds sont dégagés qui peuvent donc être distribués et faire quelques heureux.

Dans l'immeuble de l'avenue Kléber, 280 millions d'euros de travaux sont engagés. À l'époque, c'est Alexandre Allard, candidat malheureux au rachat du centre, mais dont les hommes de Doha ont apprécié le savoir-faire dans la rénovation du Royal Monceau, qui est chargé de concevoir l'aménagement du futur palace, le « 24 » va redevenir un hôtel. « J'avais choisi les grandes fonctions du futur établissement, demandé les permis, mis dans le coup un ami décorateur. » Et d'ajouter : « J'avais choisi jusqu'à la taille des chambres[2]. » Début 2008, le Premier ministre qatari passe à Paris et demande à voir Alexandre Allard. « Vous êtes très dynamique, lui lance HBJ, bravo ! » Bravo, et adieu !

Alexandre Allard s'avère un esprit trop libre au goût de HBJ qui, pour le contourner, fait appel à Éric Series. Celui qui a favorisé l'entrée des Qataris dans le groupe Suez. En décembre 2008 Series est nommé à la tête de Qatar Hotel and Properties,

---
1. Entretien avec un des auteurs.
2. Entretien avec les auteurs.

l'entité qui a racheté le centre Kléber. Sa première initiative aura été de choisir un gestionnaire, la chaîne Peninsula, du nom du célèbre palace de Hong Kong. La mise en relation entre le groupe Peninsula et Qatari Diar n'est pas vraiment une tâche surhumaine. Pourtant, pour ce simple service, Éric Series recevra 5 millions de dollars. Cinq millions qui lui tomberont dans la poche par la magie d'un contrat entre Qatari Diar et la société Latitudes, qui lui appartient. Signé le 26 novembre 2008, un document de quinze lignes et deux articles, ceux de l'accord, qui prévoient *primo* que le groupe Peninsula sera chargé de la gestion du Majestic et *deuxio* que les mêmes actionnaires achèteront 20 % du palace ouvert au centre Kléber. « Il s'agissait d'une longue négociation d'une année, se justifie l'agent immobilier, pour arriver à trouver un accord sur la valorisation du centre Kléber que je suis parvenu à améliorer au profit du Qatar[1]. »

Hélas pour cet intermédiaire longtemps chanceux, le prince héritier Tamim, en guerre avec le Premier ministre, va lancer des procédures judiciaires contre un des protégés de HBJ, Ghanim Bin Saad Al-Saad, qui, à la tête de Qatari Diar, a eu longtemps la haute main sur l'immobilier. Series est une des victimes collatérales de ce grand ménage.

Ces multiples achats du Qatar ne sont que des mises en bouche, des broutilles, par rapport à

---

1. Entretien avec un des auteurs.

d'autres opérations, conduites de façon souterraine, mais beaucoup plus lucratives. En 2010, c'est le siège de la banque HSBC France, situé au 103, avenue des Champs-Élysées, qui tombe à son tour dans la hotte de l'émirat. Le coût de la transaction, qui porte sur trente-cinq mille mètres carrés, serait d'environ 400 millions d'euros. L'immeuble devrait, lui aussi, devenir un hôtel et reprendre le flambeau laissé vacant par le Claridge, célèbre palace de la « Belle Époque ».

En suivant à la trace les partenaires financiers de HSBC, banque-conseil des Qataris, et ceux du puissant Crédit suisse, dont le Qatar est actionnaire[1], on touche à une mondialisation financière vertigineuse, pierre angulaire de la stratégie de Doha. Ainsi trois gros actionnaires de la banque internationale Crédit suisse se sont regroupés au sein d'un fonds spécial doté d'un milliard de dollars destinés aux pays émergents, notamment la Chine, l'Inde et le Brésil. Côté qatari, l'entité engagée est le fonds souverain de Doha, la QIA. Le partenaire saoudien va être le groupe d'affaires Olayan, l'une des plus grandes holdings du royaume (50 filiales présentes sur tous les marchés). Enfin, le fonds sera placé sous la supervision et le pilotage de Nochi Dankner, président du conglomérat IDB, le plus grand groupe d'affaires israélien, avec 30 milliards d'actifs, qui apportera 250 millions de dollars via deux de ses prestigieuses filiales, Koor Industries

---

1. Le groupe Crédit suisse, l'un des leaders mondiaux en services financiers, basé à Zurich, opère dans 50 pays et emploie près de 50 000 personnes.

et Clal Insurance Enterprises Holdings. Lesquelles ont racheté les sièges de HSBC à New York et à Londres. Toute cette avalanche financière est révélée dans un article bien informé paru à l'été 2010 sur « nanojv.com ». L'information a été diffusée de manière édulcorée sur le site de Crédit suisse, puis reprise et détaillée par Reuters. Les presses qatarie et saoudienne sont restées discrètes dans leur compte-rendu de ce fabuleux Meccano financier, évitant de signaler la présence d'Israël dans le montage.

Tout au contraire de l'industrie où ils sont en cale sèche, les Qataris accumulent des gros bonus dans l'immobilier. Leur véritable trésor de guerre ? Il est là, et non dans les pour-cent placés dans les usines ou le commerce. De la pierre non seulement en France, mais aussi en Angleterre, aux États-Unis ou même dans la petite Tunisie. Dernière acquisition sur la Méditerranée, le Qatar a acheté un superbe hôtel à Tabarka, là où Michèle Alliot-Marie, ministre de la Défense de Sarkozy, a passé de reposantes vacances de Noël en 2010. Alors que le pays était en proie à une terrible répression et que MAM venait de proposer d'envoyer des matraques aux policiers de Ben Ali[1].

---

1. Ce palace était la propriété d'Aziz Miled, qui avait emmené MAM dans son avion privé pour passer ces quelques jours au calme durant les vacances de Noël 2010. Avant de mourir en novembre 2012, ce grand patron de l'hôtellerie en Tunisie s'était rapproché du nouveau pouvoir islamiste. Au point d'obtenir la libération d'un de ses amis, ex-ministre de Ben Ali, dix jours avant sa disparition. La vente de son hôtel au Qatar aurait-elle permis de fluidifier un peu les rouages entre le mouvement Ennahda et ce patron, hier benaliste, qui s'était converti aux charmes d'une Tunisie islamiste ?

Pour l'instant, les autorités du Qatar ont échappé à la vigilance des gendarmes financiers européens. Pour combien de temps ? Dans la procédure dite « des biens mal acquis », initiée en France contre les acquisitions des dictateurs africains, les magistrats français et belges ont découvert quelques discrets canaux où les Qataris ont laissé leurs empreintes. Sans que personne bouge. En 2010, l'émir utilisait les mêmes intermédiaires que le clan Ben Ali. Et pis encore, il finançait l'acquisition par les proches de ce dernier de biens immobiliers à Paris. Après le départ de Ben Ali du pouvoir, la cellule de traitement des informations financières de Bruxelles transmet au parquet français des informations provenant de son homologue français Tracfin. Il ressort qu'un agent immobilier, Jihan Sanbar, gère les biens privés de l'émir du Qatar en Belgique par le biais d'une entreprise française, la SARL French Properties Management. Soit six immeubles, dont sa résidence à Verviers, le Hunting Cottage. Pourquoi un tel montage, une telle pudeur, alors que le Qatar échappe à l'impôt – ou presque – aussi bien en France qu'en Belgique ?

Insensible à l'odeur de l'argent, la même dame Jihan Sanbar était chargée de la gestion, à Paris, d'un appartement du gendre de Ben Ali, Slim Chiboub. Grâce aux enquêteurs belges, on en sait plus sur ce bel espace situé au 44 de l'avenue Kléber, un coin qui plaît aux Qataris. Le pied-à-terre offert à Chiboub a été payé 1,25 million d'euros tirés sur la cassette du monarque de Doha.

Les avocats de l'émir ont dû motiver la raison d'un tel cadeau et leurs explications, pas franchement convaincantes, figurent dans le rapport des Belges :

« Les autorités tunisiennes ont eu l'intention d'aménager un site de grande ampleur situé à Gammarth comprenant notamment un port de plaisance dans lequel l'émir du Qatar aurait apporté une somme relativement importante. L'un des associés au projet est Slim Chiboub. Ce dernier aurait offert son aide dans la mise sur pied du projet et travaillé gratuitement. En remerciements, l'émir lui aurait offert l'appartement de Paris. » Et les Belges d'enfoncer le clou : « Il y a donc de forts soupçons que l'émir a été obligé de payer un "droit d'entrée" pour participer à ce projet et qu'il fallait le faire de manière discrète. L'option de l'achat de l'appartement a donc été choisie. » Ces Hercule Poirot sont de bien mauvaises langues.

Corruption, blanchiment, argent « sale » ou « propre » ? D'où proviennent les fonds ? On ne le saura probablement jamais : les juges chargés de la procédure des « biens mal acquis » se sont montrés particulièrement peu curieux[1]. Ce simple épisode, ajouté aux millions cachés à Jersey, place le Qatar dans la pire position pour s'afficher en chevalier de l'anti corruption. C'est pourtant le clan de Doha qui, en septembre 2012, organise une conférence sur les « biens mal acquis ». Et rappelons, puisque l'on ne peut se lasser du comique

---

1. Ces informations figurent dans une lettre du parquet du procureur du roi de Bruxelles au procureur de la République de Paris le 8 février 2011.

d'une telle promotion, que le procureur, « Docteur Ali », a bien été nommé à l'ONU membre de la commission chargée d'étudier ce cancer des biens volés aux peuples par les potentats !

CHAPITRE 10

OPA sur l'islam de France

« Allô, monsieur l'ambassadeur ? » Attablé dans un café place de la République en janvier 2012, Mohamed Bechari, l'insubmersible patron de la Fédération nationale des musulmans de France (FNMF), une des principales organisations islamiques du pays, appelle l'ambassadeur du Qatar à Paris, Mohamed Jaham Al-Kuwari. Les deux hommes s'entretiennent en arabe, ils se connaissent fort bien et s'apprécient. Après avoir été proche successivement du royaume marocain, puis de la Jamahiriya de Kadhafi, où il séjournait encore le 10 février 2011 avec une cinquantaine d'imams, le très consensuel Bechari a lancé ses passerelles vers Doha. Ainsi le généreux Qatar lui a-t-il versé une aide de 200 000 euros[1], pour agrandir le Centre d'enseignement islamique qu'il anime à Lille, où il est au mieux avec Martine Aubry. Depuis, le patron de la FNMF est devenu

---
1. Entretien avec les auteurs.

l'une des clés qui facilitent l'accès des Qataris à nos banlieues. Ce n'est pas la seule.

Doha s'intéresse de très près aux communautés musulmanes en France, formidable porte d'entrée vers les pays du Maghreb, où l'émir entend prendre la main. Au cours de ces dernières années nous assistons à une vaste offensive de l'émirat vers nos « quartiers ». Plus que venir soulager la misère de ce qui est trop souvent un ghetto, via la promesse d'un « fonds banlieues », faite en 2012 et source de polémique, le vrai objectif de l'émir est d'organiser en France les fidèles à Allah. En direct et à sa guise, voilà le véritable but de son agressive diplomatie, si prosélyte.

Un peu pressés sans doute, ces rêveurs trop nourris aux contes d'Orient, en pleine lune de miel avec Nicolas Sarkozy, croient être en mesure de « refonder » l'islam hexagonal. Nous sommes au début de l'année 2009. Quelques proches du chef de l'État – Boris Billon, conseiller diplomatique, et Henri Guaino, alors l'artisan de la moribonde Union pour la Méditerranée – soutiennent à fond le Qatar. Comme son idée de créer un Conseil représentatif des institutions musulmanes, un CRIM, qui serait, version islam, ce qu'est le CRIF pour la religion juive. À la manœuvre, on trouve une jeune et charmante sous-préfète, Malika Benlarbi. Une ancienne du cabinet de Brice Hortefeux à l'Intérieur, et qui s'entend fort bien avec l'ambassadeur du Qatar et a l'ambition d'être nommée secrétaire d'État. Des dîners sont organisés par les Qataris, où ils invitent aussi bien l'universitaire Malek Chebel que Nacer Kettane, fondateur de Beur FM. Préparation d'artillerie ? Déjà en octobre 2008, parrainées par le Qatar, se sont tenues à l'Assemblée nationale des Assises de l'enseignement de la langue et de la culture arabes. Pour donner du poids à cet acte fondateur, le ministre de l'Éducation nationale, Xavier Darcos, a « honoré de sa présence » ces généreuses « assises ». La pompe amorcée, en mars 2009 doit avoir lieu dans la foulée le premier rassemblement de ce CRIM. Mais on a oublié un détail : créer un organisme qui représente les musulmans de France sans y associer les pays du Maghreb est franchement suicidaire. Qu'importe, la soirée solennelle sera précédée d'un concert de l'Orchestre national qatari. *Le Point* annonce même la venue de Nicolas et Carla Sarkozy et, peut-être, celle de Michelle Obama, dont on se demande ce qu'elle viendrait faire là... Patatras ! l'opposition de Michèle Alliot-Marie, ministre de l'Intérieur et des Cultes, et le peu d'enthousiasme de Nicolas Sarkozy lui-même, qui, en 2002, s'est échiné à créer le Conseil français du culte musulman, ont, *in extremis*, raison du projet. Le concert, lui, a bien lieu au Théâtre des Champs-Élysées, devant un parterre de personnalités. Si on n'a pas joué de requiem, il s'agissait pourtant de l'enterrement du CRIM. Depuis, auréolée de son savoir-faire, la sous-préfète se console au sein du groupe l'Oréal. Parce qu'elle le vaut bien.

Après la mascarade, les wahhabites de Doha jouent plus finement. Dans leur volonté d'imposer leurs voix dans les chœurs de notre communauté musulmane, ils parviennent à rallier les principaux responsables du plus grand mouvement islamiste en France : l'Union des organisations islamiques de France (UOIF). Cette « union » est, depuis sa création au début des années 1980, très proche des Frères musulmans. Maintenant, pilotée par Doha, c'est elle qui doit devenir le laboratoire de l'islam en France. Peu rebelle, l'UOIF a toujours été l'interlocuteur obligé du ministère de l'Intérieur... et des Cultes. Dans son jeu de Lego, construit avec les différentes chapelles de l'islam national, l'Intérieur a fait de cette organisation la pièce maîtresse de son Conseil français du culte musulman (CFCM), la pyramide suprême.

Chaque année, agglutinés comme lors du *hadj* à La Mecque, des dizaines de milliers de musulmans se retrouvent sous l'immense hall du parc des expositions du Bourget. À l'heure de la grand-messe islamique organisée... par l'UOIF. Voilées de blanc, les femmes s'installent d'un côté ; les hommes de l'autre. Dans le gigantesque espace, des stands sont dressés, chacun défendant sa cause, la Palestine, la Bosnie, la Tunisie ou les « printemps arabes ». Un Frère musulman, le prédicateur de la chaîne de télévision qatarie Al-Jazira, Youssef Qaradawi[1], fréquente les rassemblements de l'UOIF depuis toujours. En 1994 et sans que nul s'en offusque, le cheikh officiait

---

1. Voir le portrait du cheikh Qaradawi, chapitre 4.

déjà au Bourget lors d'une « rencontre avec les universitaires français ». Thème central, discuté avec ce distributeur de *fatwas* : « la laïcité ». Bruno Étienne, grand franc-maçon aujourd'hui décédé, ou François Burgat, autre icône de la spécialité, étaient là comme faire-valoir de l'imam. Inutile de préciser que la star des Frères et vedette de la télé qatarie passait au hachoir la laïcité à la française. Protégé par l'émir, le cheikh bénisseur de fondamentalistes ne fut donc jamais inquiété lors de ses séjours en France. Jusqu'au stop final, à l'occasion de la version 2012 du rassemblement du Bourget. Nous sommes alors en campagne pour l'élection présidentielle. Nicolas Sarkozy, conseillé par le théoricien d'extrême droite Patrick Buisson, a, pour se faire réélire, parié sur l'islamophobie. Faire un éclat médiatique en interdisant à Qaradawi l'accès à la France est jugé payant. L'imam est donc déclaré tricard.

Si l'UOIF se veut le moteur neuf de l'islam dans l'Hexagone, une grande partie des musulmans français se soumet sans toujours le savoir, et depuis un quart de siècle, à l'influence des Frères musulmans alors soutenus par l'Arabie saoudite. Par une étrange tradition, les imams en France sont nommés ou par l'Algérie ou par le Maroc. Mais ces deux pays ne maîtrisent qu'à la marge, via leurs amicales et associations, la vie réelle des mosquées. Les vrais maîtres du jeu sont les bailleurs de fonds. Depuis trente ans le volant est donc entre les mains des pétromonarchies du

Golfe, et avant le boum qatari, l'Arabie saoudite a bien labouré le champ de l'islam intégriste. Riyad a arrosé de billets le courant le plus conservateur de la religion, sans que personne, ni à gauche ni à droite, lève les yeux au ciel.

Fondée par le prince héritier Fayçal en 1962 à La Mecque, pour lutter contre les régimes pronassériens (nationalistes et laïcs), la Ligue islamique mondiale est une machine de conquête. Dans la guerre de la foi elle prétend « combattre l'agression planétaire qui corrompt la vie des musulmans ». Sachant que cette Ligue s'intéresse à la France, le Conseil national des mosquées ou encore le Secours islamique – l'équivalent musulman du Secours catholique – sollicitent les tirelires de ces généreux et riches bienfaiteurs. Hier l'Arabie saoudite, en quasi-exclusivité, aujourd'hui le Qatar. C'est ce que le chercheur Olivier Carré, pour signaler le rôle du Golfe dans le financement de l'islam, avait qualifié d'une formule brillante : le « néo-ottomanisme ».

Le 10 octobre 1992, l'inauguration de l'université islamique de la Nièvre se fait en fanfare. Les deux cents invités sont le fruit d'un fin « casting ». Le directeur du grand séminaire de Strasbourg côtoie Abdallah Turki, théologien de l'université islamique de Riyad et longtemps ministre du Culte saoudien. Les Frères musulmans, qui assurent globalement l'enseignement de l'islam dans l'Hexagone, dénoncent dans l'exposé de leurs statuts, théoriquement tenus secrets, le scandale de l'enseignement français, celui des « Lumières », fondé « sur la raison » et « sur la nature ». Ils condamnent la danse, le plongeon dans la piscine ou les cours d'éducation sexuelle pour les élèves musulmanes. Le conseil scientifique de cette université nivernaise réunit donc les principaux exégètes des écrits d'Hassan El-Banna et de Saïd Qotb, les guides historiques de l'organisation des Frères.

Depuis trop longtemps, les relations interétatiques, les alliances ou les conflits avec le reste de la planète priment sur la gestion pragmatique de la deuxième religion de France. Ainsi, les islamistes qui tiennent l'UOIF sont jugés d'autant plus fréquentables par les socialistes français au pouvoir qu'ils sont défendus par l'allié constant de la France durant la guerre du Golfe en 1991, l'Arabie saoudite. Au sein de nos « quartiers », le secrétaire général de l'organisation, Abdallah Ben Mansour, fait preuve d'un activisme bien opportun au moment de la première attaque contre Saddam Hussein. Habilement, les patrons de l'UOIF font allégeance au roi Fahd, aux services français et à l'Élysée dans leur combat contre l'Irak.

L'histoire tourne en rond. Vingt ans plus tard, avec la montée du Qatar sur le trône de tous les pouvoirs, les Français musulmans sont à nouveau utilisés comme des boules de billard. Comment aller contre ? Le Qatar n'est-il pas le meilleur allié de l'Occident ? À Paris le pouvoir, gauche ou droite, est tenu de lui faire confiance, tout au moins de le ménager. Peu à peu, dans le pilotage des Frères musulmans, Doha se substitue à Riyad. Au moins trois raisons à cela. D'abord, suite au 11-Septembre, la méfiance des Américains à l'encontre du royaume saoudien. Ensuite la formidable influence de la chaîne Al-Jazira sur l'ensemble des musulmans, de la Grande-Bretagne à la France, de la Bosnie à l'Asie et bientôt aux États-Unis. Cette force de frappe popularise le petit Qatar qui assène sa lecture du Coran. Enfin, depuis deux ans, le champ ouvert par les « printemps arabes », un terreau dans lequel le Qatar n'a plus qu'à semer. Le « printemps » passé, les révoltes de peuples poussés par la misère et l'absence de liberté ont été étouffées : sous-traiter la démocratie au wahhabisme, c'est confier le droit de grâce au bourreau.

L'intelligence du Qatar est de récupérer l'idéologie des Frères musulmans et de la rendre présentable pour ses amis occidentaux. L'allure de la cheikha, si moderne et si peu voilée, ainsi que la création d'un musée à Doha, qui accroche à ses cimaises des toiles de Rothko, sont des indicateurs favorables : cet émirat est tolérant. Presque laïc... Le discours est rodé. Il s'appuie sur l'exemple turc, et le refrain sorti à propos : « L'islamisme est soluble dans la démocratie. »

Pendant que nos laïcs applaudissent la prospérité et la bonne tenue de cet islam exemplaire, au Qatar on bosse, on polit les pions puis on les pousse. Ainsi Ahmed Jaballah, un ancien étudiant du Mouvement de la tendance islamique (MTI) tunisien, ancêtre du parti Ennahda, prend en mai 2011 la tête de l'UOIF, une association française. On le voit souvent à Tunis, où il rêve de devenir ministre des Affaires étrangères. On le voit aussi à Doha, où il a son tapis de prière : il fait partie du Conseil européen de la fatwa, un organisme qui existe bel et bien, présidé par l'imam Qaradawi. Dans son offensive, le Qatar utilise des méthodes copiées des Saoudiens. Une recette simple qui ne réclame que beaucoup de dollars : on finance à tout-va de multiples centres culturels islamiques. Puis on attend que la foi morde. Même la Mosquée de Paris, fief algérien, a reçu 2 millions d'euros de cette divine manne. En 2009, la fondation Qatar Charity finance aussi, à hauteur de 2 millions d'euros puisque cela semble être le prix du ticket d'entrée, la construction d'une mosquée à Mulhouse. Le samedi 24 janvier 2009, l'Association des musulmans d'Alsace (AMAL) organise une cérémonie pour la pose de la première pierre de cette maison de Dieu baptisée « An Nour ». Le projet est particulièrement grandiose : 4 600 m² sur deux niveaux, une école et des commerces, une capacité d'accueil de deux mille fidèles. Coût total : 7 millions d'euros. La même année, le même micro pays finance, pour des montants similaires, un centre culturel à Reims. Autant de dons consentis à des associations culturelles locales qui s'inscrivent dans la mouvance de l'UOIF. Autrement dit ultra-intégriste.

Si en Alsace, avec le concordat, le financement des mosquées par l'argent public n'est pas impossible, la chose est interdite dans le reste de la République, loi de 1905 oblige. Pour un meilleur accueil des musulmans pratiquants, les élus ont été de tout temps ravis des investissements des Saoudiens, puis des Qataris. Pour éviter ces « prières de rues » qui préoccupent tant Marine Le Pen alors qu'elle habite un parc à Saint-Cloud, il faut appeler l'émir à l'aide. Lorsque, expédiés depuis Doha vers les associations de Reims et de Mulhouse, les fonds arrivent en France, l'ambassadeur du Qatar à Paris prend la peine de téléphoner à Michèle Alliot-Marie. Et les conseillers de MAM ne voient aucun motif à s'opposer à cette sympathique générosité islamique. En France, l'Excellence est chez elle.

Le retour de la gauche en 2012 n'a rien changé : Doha supplée toujours le ministère de l'Intérieur. Manuel Valls est dans les petits papiers des Qataris, et réciproquement. Heureusement, entre tous ces aveugles, il existe un frein prudent : guidé par cette méfiance propre aux natifs des Mauges, cette rugueuse région d'hommes de devoir autour de Cholet, le Premier ministre Jean-Marc Ayrault a un jour prononcé la phrase qui tue : « Le Qatar ? Avant d'y aller, je réfléchirais. »

Hélas, les missionnaires de Doha ont déjà un pied dans le fief d'Ayrault. Toujours par le canal de la Qatar Charity Foundation, un homme d'affaires qatari a aidé, début 2012, l'Association islamique de l'ouest de la France, proche là encore de l'UOIF, à financer la construction de la mosquée As-Salam de Nantes. Du bel ouvrage avec un minaret de dix-sept mètres de haut et un dôme qui change de couleur au gré de la lumière, un peu comme la coupole voisine, celle des Beurres Lu. Le 17 novembre 2012, le maire de la ville et successeur de Jean-Marc Ayrault participe à l'inauguration de ce temple qatari. Le président de l'Union des organisations islamiques de France (UOIF), Ahmed Jaballah, est bien sûr présent, ainsi que le consul du Qatar.

Même si c'est une obsession, l'émirat n'investit pas seulement dans la pierre, mais aussi dans les hommes. Depuis la tour de contrôle de l'islam wahhabite, érigée à Doha, de pieux experts ciblent les prédicateurs charismatiques. Ceux qu'il s'agit d'enrôler, d'aider afin de constituer la *dream team* avec pour premier chef Ramadan. En équivalent PSG, enrôler Tariq pour prêcher est tout aussi performant qu'engager Ibrahimović pour dire la *charia*. Dans le domaine du verbe, Ramadan est un *goledador*. Ainsi « Tariq » était l'invité-vedette des derniers rassemblements de l'UOIF, au Bourget, en juin 2012 et en mars 2013. Populaire en Angleterre et en France, ce théologien polymorphe connaît à nouveau un certain engouement. Un retour d'affection, grâce à son dernier ouvrage, *L'Islam et le réveil arabe*. Ces trois dernières années, cet habile prédicateur disposait d'une chaire d'enseignement à Oxford, financée par le Qatar. Le bail est échu. Comme Doha n'est pas en faillite, les responsables d'Oxford se seraient-ils lassés de frère Tariq ?

Loin des brumes anglaises, il enseigne désormais à la faculté des études islamiques du Qatar.

Et préside, à Doha, le Centre de recherches pour la législation et l'éthique (CILE). En voilà du boulot ! Au jour sacré de son intronisation, le 15 janvier 2012, des stars de l'islam étaient présentes : le fameux Qaradawi, bien sûr, puisque Ramadan est programmé pour être son héritier, mais aussi l'inoxydable chanteur Cat Stevens, converti à l'islam, Mustafa Cerić, le mufti de Bosnie-Herzégovine, qui vient lui-même d'inaugurer le premier département d'études islamique d'Allemagne.

Le chercheur Haoues Seniguer, dans la revue *Confluences méditerranéennes*, note le bonus que représente le prêcheur pour Doha : « Tariq Ramadan, contrairement à l'UOIF qui reste incarnée par des personnalités fortes portant encore les stigmates de leur pays d'origine, combine de nombreux atouts. Il saura les valoriser efficacement auprès des mécènes qataris : une parfaite maîtrise du français et de l'anglais, des connaissances de théologie islamique et une filiation avec le fondateur de la confrérie des Frères musulmans, Hassan El-Banna, dont il est le petit-fils, tout cela donne à Ramadan un capital symbolique inestimable. » Tariq Ramadan n'a donc pas de prix.

Un sacré Tartuffe, le prédicateur ? En tout cas un virtuose du double, voire du triple discours. Sur un plateau de télévision il prône l'ouverture et la tolérance, dans le confessionnal on entend une autre musique : « Un bon musulman, de sexe mâle, ne peut fréquenter une piscine ouverte aux femmes. » Cette histoire de piscines priées de se plier aux saints préceptes est récurrente. Des histoires d'eau qui opposent des radicaux, aussi bien musulmans que juifs, à des maires. Et qui, en cas d'anicroches, deviennent une scie de l'actualité sur les antennes des télés de l'immédiat. On voit alors à l'écran ces pauvres élus, en général des patrons de communes du Nord, pris d'assaut par des associations voulant imposer un « jour des femmes » entre l'eau bleue et les flotteurs.

Il est vraiment cocasse de voir frère Tariq, lui-même si peu réticent à enseigner à de jeunes étudiantes, s'improviser maître nageur de ces piscines mâles ou femelles. Dans une conférence – dont le titre fait froid dans le dos : *Les Grands Péchés* –, délivrée dans une mosquée de la Réunion, frère Tariq nous confirme que se baigner avec des sirènes est le meilleur moyen de les entendre. Puis d'aller en enfer[1].

La duplicité de Tariq se mesure comme en laboratoire, en comparant son sermon sur les « grands péchés » avec son aimable discours médiatique délivré, par exemple, lors de l'émission de Frédéric Taddeï sur France 3 *Ce soir ou jamais*. La *charia*, prétend-il, pourrait subir un moratoire, un rabotage, sans que cela fasse de révolution... Subitement tout devient chez lui doux, œcuménique, consensuel. L'islam qu'il prêche est tolérant. Avec les « grands péchés », c'est une tout autre musique. Ramadan devient

---
1. Cassette en possession des auteurs.

inquisiteur, met des culottes aux statues et des « burkinis » à nos compagnes. Constatons que, très souvent opposé à Caroline Fourest, l'islamophobe officielle des télévisions, Ramadan joue alors sur du velours, le discours hystérique de Mme Fourest le rendant carrément sympathique.

Dans le sillage des grandes unions islamiques, d'obscures associations organisent des « Salons musulmans » où se mêlent Frères musulmans et salafistes. Un tel événement s'est tenu dans le Val-d'Oise en octobre 2012. Étaient présents l'un des imams les plus fondamentalistes de France, celui de la mosquée de Pontoise ; Tariq Ramadan, prêcheur alternatif entre Coran et Lumières ; et encore le président de l'UOIF, Ahmed Jaballah. Quant au Salon international du monde musulman, toujours avec la discrète onction de Doha, il s'est tenu pour la deuxième fois au début de novembre 2012. Il était initié par une petite structure associative, le Collectif des musulmans de France (CMF). Les ouvrages offerts à la sagacité du public brillaient par leur modernité. Exemple puisé dans l'une des monographies proposées : « Au milieu du XIXe siècle, lorsque Charles Darwin publia *Les Origines des espèces*, certains milieux matérialistes et athées, poussés par leur zèle pour l'évolution biologique ou aveuglés au nom de ce courant philosophique, croyaient pouvoir tout expliquer par la théorie de l'évolution. Or, au début du XXe siècle, de nouvelles recherches ont établi les nombreuses failles de cette théorie. La théorie de l'évolution en est réduite à ne plus évoluer. »

Tariq Ramadan n'est pas le seul islamologue sur lequel les Qataris peuvent compter. Mathieu Guidère, nouveau venu sur la scène médiatique, fut longtemps précepteur du propre fils du souverain lorsqu'il était élève à Saint-Cyr. Dans son dernier livre[1], cet intellectuel et universitaire écrit en effet : « Ceux qui ont prévu la fin de l'islamisme en pensant seulement à l'Iran se sont trompés [...]. Car l'islamisme ne fait que renaître de ses cendres à chaque crise de pouvoir dans les pays musulmans, et cela depuis plus de quatorze siècles. Comme un retour cyclique à la source de la civilisation islamique. [...] Les islamistes ont toujours été tenus soigneusement à l'écart du pouvoir par les forces de l'intérieur comme par celles de l'extérieur, faisant fi d'une histoire millénaire des pays concernés et d'une revendication identitaire sans cesse grandissante. »

Le président du Collectif des musulmans de France, Nabil Ennasri, est un autre relais d'opinion que possède le Qatar auprès de certains intellectuels musulmans. Un pied dans les organisations islamiques, l'autre dans les réseaux sociaux ou sur les sites Internet, comme Rue89, ce proche de Tariq Ramadan[2] polémique aussi sur Twitter. Ennasri est un religieux global, moderne,

---

1. *Le Printemps islamiste*, Édition Ellipses, 2012.
2. Interrogé par les auteurs de ce livre, ce jeune thésard qui consacre ses recherches au Qatar relativise son accord avec Ramadan : « Je suis derrière lui pour ses appels à la citoyenneté et je suis ses travaux. Mais sur le Moyen-Orient, nous ne sommes pas totalement sur les mêmes positions. »

qui se qualifie de « qatarologue » dans son blog du *Monde*. D'un tweet, il redresse la pensée faussée d'un jeune de banlieue qui doute de l'infaillibilité des papes de Doha. Notre propagandiste n'hésite pas à mouiller le maillot pour dénoncer « les franchouillards » qui montrent une certaine tiédeur face au Qatar.

Naturellement, l'apparition des frères ennemis qataris, sur son terrain de jeu historique, ne plaît guère au royaume saoudien. Panique à Riyad ! Que peut donc chercher Doha dans les banlieues françaises ? Pourquoi cet activisme ? Début janvier 2012, le roi Fahd dépêche à Paris Salah Bin Abdelaziz Al-Cheikh, un théologien respecté qui est aussi son ministre des Affaires religieuses. La mission de l'émissaire est d'évaluer la force de persuasion du Qatar auprès des imams français. Le 9 janvier, il est reçu à la Grande Mosquée de Paris, donc en fief algérien, mais sous perfusion financière saoudienne. En présence d'une centaine d'invités, un repas est donné en son honneur, agapes où l'on devine la présence de représentants du DRS (les services spéciaux algériens). Le lendemain, le ministre saoudien donne une réception très *halal* au Pavillon Dauphine. L'objectif est de rameuter le ban et l'arrière-ban de ses affidés de France. Attention, Riyad se réveille !

Comparé à ces grandes offensives dans les mosquées, le « plan d'aide aux banlieues », lancé par l'ambassadeur du Qatar à Paris comme une assiette de tir au pigeon, n'a jamais eu de consistance autre que verbale. Il reste, et restera hélas, un rêve pour quelques malheureux gosses convaincus que Doha va leur offrir assez d'euros pour ouvrir une pizzeria à Saint-Denis.

En novembre 2011, un groupe d'élus français « issus de la diversité » est invité par l'émir en personne. Ce genre de voyage est déjà organisé depuis plusieurs années par les États-Unis qui font régulièrement découvrir New York à une jeunesse ciblée et frappée par la chance. Bien avant le Qatar, l'Oncle Sam s'est donc intéressé de près aux communautés musulmanes de France. Après le choc de l'attentat contre les tours de Manhattan, les États-Unis, par ailleurs tuteurs du petit émirat, tentent de comprendre les raisons profondes de l'hostilité des musulmans à leur égard. Et leurs diplomates et chercheurs de se pencher sur le sort des banlieues françaises. La stratégie qu'ils ont alors mise en œuvre est parfaitement décrite dans les câbles américains révélés par WikiLeaks : « L'ambassade à Paris ainsi que ses sept missions consulaires ont commencé à nouer depuis plusieurs années, dès 2003, des relations systématiques avec les populations arabes et musulmanes françaises. En ciblant des quartiers et des institutions connus pour abriter d'importantes populations étrangères. » Depuis, l'ambassade a constitué une large banque de données sur les musulmans français.

Pourquoi un tel intérêt ? La France, cela n'a pas échappé au département d'État américain, possède la population musulmane la plus importante d'Europe, sans doute 2,5 millions d'âmes, selon les chercheurs les plus crédibles. Hélas, l'approche des banlieues par la classe politique française, résument ces experts venus d'outre-Atlantique, est « porteuse d'un aveuglement officiel » à l'égard de toutes les différences raciales ou ethniques. Le constat est sévère. D'où les craintes des Américains : « Les jeunes des minorités désavantagées restent une cible évidente pour le recrutement extrémiste. »

« La soudaine tendresse du Qatar pour les jeunes des périphéries de nos villes est si intense que Doha organisera un voyage pour éblouir leurs grands yeux. Un des participants, Mohamed Hakkou, conseiller municipal de Gonesse, en fait un récit émerveillé.

Le 3 décembre 2011, il publie son carnet de voyage sur Internet[1] :

« Samedi 12 novembre.

« À notre arrivée à Doha, nous avons été reçus avec les honneurs. La chaleur se mesurait non pas uniquement dans le thermomètre et le gigantisme des buildings, mais davantage à l'humilité et à la qualité de nos hôtes.

« Dimanche 13 novembre.

« Visite du musée des Arts islamiques édifié à l'aide de pierres importées de Bourgogne. Ensuite, visite du musée d'Histoire militaire, présentation du projet "Katara", ville culturelle au bord de l'eau.

« Lundi 14 novembre.

---

1. http://mohammedhakkou.blogspot.fr/2011/12/retour-sur-le-voyage-au-qatar.html

« Conférence et rencontre avec le secrétaire général du Comité olympique qatari au centre Aspire sports, édifié dans le cadre de la Coupe du monde de football pour laquelle le Qatar s'apprête à investir 200 milliards de dollars.

« Mardi 15 novembre.

« Rencontre avec le Premier ministre au Diwan (palais royal), échanges sur l'apport des personnes issues de l'immigration en France ainsi que discussion autour de la création de la maison du Qatar à Paris.

« Mercredi 16 novembre.

Déjeuner avec l'émir au Diwan. Lorsque nous sommes sortis du palais, la route nous a été ouverte comme pour des chefs d'État. »

« Plus lascars qu'élus, beaucoup parmi les représentants de la banlieue donnent leur CV, cherchent à se placer auprès de l'émir », comme l'a raconté le journaliste et réalisateur Mohamed Nemmiche, aujourd'hui décédé, qui accompagnait le groupe. Le dialogue qui s'engagea à l'heure du déjeuner, autour d'un faisan des sables et d'une mousse au maïs, eut le mérite de la franchise : « Vous êtes mes invités, lance l'émir, quelle est votre problématique ? » Réponse : « On cherche du travail, c'est la crise, venez nous aider. » Un élu du Nord lui propose un projet : « Mais évidemment, regrette-t-il, Lille, c'est une ville que vous ne connaissez pas. — Mais si, bien sûr, répond l'émir, je connais, les moules-frites et le reste... Pour le projet, voyez ma fille. »

Avant de se retirer, tout en leur promettant des invitations pour la Coupe du monde, le bon roi évoque la création d'écoles coraniques, les meilleures institutions pour apprendre correctement l'arabe littéraire et l'histoire du monde. Tous approuvent le projet. Le reste du séjour sera consacré à une chasse au faucon avec un fils de l'émir, pupille de Guidère et élève à Saint-Cyr. Une balade en dromadaire, une course en 4 × 4 dans les dunes, une partie de foot, une visite au centre équestre « le plus huppé du monde ». Le paradis, en somme. La semaine se termine par un déjeuner à l'ambassade de France. Tout le monde est là : le conseiller commercial, le conseiller politique, l'attaché militaire. On savoure du pastis en discutant… de la vente de Rafale au Qatar. Cette semaine-là une présentation de l'avion de chasse avait lieu à Doha.

Les plus hautes personnalités du Qatar sont mobilisées pour l'occasion. L'émir, sa fille, un de ses fils, le Premier ministre, l'ambassadeur de France ont chacun apporté leur contribution. L'organisation du voyage a été minutieusement étudiée. Il s'agit d'envoyer un message subliminal à l'ensemble de ces jeunes des banlieues de France. Et cela semble avoir été entendu : « Nous avons quitté la terre des fausses promesses pour celle des actions réelles », conclut l'élu de Gonesse dans son journal de bord.

De retour à Paris, le groupe est invité à la cantine de Sarkozy, au Fouquet's. L'ambassadeur de l'émir y joue le *big boss* : « Il faut que les entreprises créées rapportent de l'argent, que le Qatar en gagne. » Les élus de la diversité sont médusés. L'annonce météo d'une pluie de dollars attendue pour bientôt est très vite médiatisée. Trop vite. Résultat, l'ambassade et la chaîne Al-Jazira sont submergées de demandes. En faisant miroiter un tel trésor, le Qatar s'est fourvoyé, allant comme souvent plus vite que la machine. Et le projet est remis à plus tard[1].

Le président de l'Association des élus de la diversité, Kamel Hamza, qui a initié l'escapade vers Doha, est par ailleurs le plus proche collaborateur d'Éric Raoult. L'ancien député UMP de Seine-Saint-Denis est aussi un habitué des forums de Doha, et il est surprenant de découvrir cet élu de droite à la fois prêchant l'expulsion, la répression et le tout sécuritaire, et tissant des relations avec les associations les plus fondamentalistes. Des liens solides existent notamment entre Raoult et l'Union des associations musulmanes du 93 (UAM 93). Fin 2002, cette mosaïque a été regroupée sous la férule de l'Algérien M'Hammed Henniche. Les cibles préférées de ce dernier ? La loi sur le *niqab*, l'interdiction faite aux mères accompagnatrices de groupes scolaires de porter le voile et les caricatures du Prophète : « Nous avons des liens républicains de respect mutuel avec M. Raoult,

---

1. Pour gérer ce fonds banlieue, des contacts ont eu lieu, durant l'hiver 2012, entre le Qatar et l'incontournable Jacques Attali, spécialiste, entre autres talents, du microcrédit. « C'est M. Attali, précise l'ambassadeur du Qatar, qui nous a proposé ses services. » Ce que l'intéressé, joint par les auteurs, a reconnu.

qui est le patron de la droite dans le département de Seine-Saint-Denis », admet le secrétaire général d'UAM 93[1]. Ainsi la page d'accueil du site de ce mouvement islamique fait-elle l'éloge de la proposition de loi déposée par Éric Raoult « visant à interdire la banalisation du blasphème religieux par voie de caricature ». Du donnant, donnant. Dans ce projet parlementaire, une référence explicite est faite à l'UAM 93 et à « son combat pour le respect des religions ».

Pendant le quinquennat de Nicolas Sarkozy, sous la bénédiction du Qatar, la collaboration de l'UAM 93 et de la majorité ira assez loin. Lorsque Jean, le fils du président et patron du groupe UMP des Hauts-de-Seine, participe à une soirée de rupture de jeûne (ou Iftar) à Suresnes, M'Hammed Henniche organise les agapes. L'idée de cette manifestation est née à l'occasion de la réception donnée à l'Élysée le 14 juillet précédent, lors d'une rencontre entre le député-maire UMP de Suresnes, Christian Dupuy, et l'ambassadeur du Qatar. Le diplomate, présent à l'Iftar, réglera le traiteur. « L'UMP et le Qatar nous ont demandé de faire venir du monde pour cette soirée, explique M'Hammed Henniche, quatre cents personnes ont répondu à notre appel[2]. » Plus tard, l'ambassadeur rencontre les responsables de l'UAM 93. L'on évoque la possibilité de construire une mosquée et il est même question

---

1. Entretien avec les auteurs.
2. Entretien avec un des auteurs.

d'un voyage à Doha. « Hélas, constate M'Hammed Henniche, tout cela n'a pas abouti. » En Seine-Saint-Denis, le département le plus musulman de France, les voix des religieux pèsent lourd. Éric Raoult a bien compris qu'être député vaut bien une messe. À travers leurs réseaux dans les banlieues, les colloques à Doha, les « prix diversité » qui entretiennent l'amitié et les dîners au Fouquet's, les Qataris ont déjà leur vivier d'obligés. Ils seront très utiles pour l'aboutissement du vrai « plan banlieue », qui reste l'imposition du wahhabisme. Pour toucher Saint-Denis, l'émirat compte aussi sur des relais à Tunis. Un triangle Paris-Doha-Tunis se dessine. Durant l'hiver 2011, Rached Ghannouchi, le leader des islamistes tunisiens, assiste au rassemblement de l'UOIF au Bourget. Sa dépendance au Qatar est connue. Dans une interview au journal qatari *Al Arab*, le 31 décembre 2012, Ghannouchi ne manque pas de faire l'éloge de la petite monarchie qu'il qualifie de « partenaire principal », tant dans les révolutions du « printemps arabe » que dans le « processus de développement » (sic) qui les a suivies. Il affirme que « le Qatar propose des projets de développement et de construction qui poussent les économies des révolutions à davantage de progrès ». Jamais le leader d'Ennahda n'oublie de vanter le mérite d'Al-Jazira qui, selon lui, « a joué un rôle primordial dans les révolutions, en dévoilant les systèmes répressifs du monde arabe et en donnant la parole aux opposants de ces régimes pour s'exprimer et critiquer [...]. J'ai toujours cru que le combat d'Al-Jazira, contre les détenteurs du pouvoir, finirait avec la chute d'une des deux parties, et cela s'est effectivement soldé par la victoire d'Al-Jazira. Ce qui signifie une victoire des médias libres contre le "pôle noir". » Avec un visionnaire de cette envergure, dont les Tunisiens de France boivent les paroles, Doha dispose d'un pipeline capable de faire couler sur cette communauté la foi la plus pure. La sienne.

Dans ces conditions, rien d'étonnant à ce que, lors des élections à l'Assemblée constituante du 24 octobre 2011, le mouvement Ennahda obtienne un gros score dans la communauté tunisienne de France. Ce jour-là, 110 000 Tunisiens, soit presque la moitié des électeurs immigrés, votèrent pour le parti de Dieu. Soit, en pourcentage, autant que dans une Tunisie profondément islamisée et en pleine crise économique, sortant de vingt-trois années de dictature de Ben Ali ! Vivant dans une société démocratique, celle de France, et plutôt bien « intégrés », comme le disent les sociologues, ces Tunisiens se sont malgré tout ralliés à un islam conservateur… Étrange ? Non, après des dizaines d'années où, dans les mosquées de l'Hexagone, ils ont été laissés sous l'influence d'imams intégristes, des salariés de Riyad ou Doha.[1]

---

[1]. Au lecteur qui, se méprenant sur le résultat de cette enquête au cœur de la seconde religion de France, assimilerait son résultat à une quelconque hostilité envers les musulmans, nous devons une réponse. Et dire que nous sommes informés des travaux de chercheurs comme Pierre Tevanian ou Thomas Deltombe, quand ils dénoncent l'utilisation de l'islam comme épouvantail ou comme masque : un moyen lâche de rendre le racisme « acceptable ». Ce qui nous préoccupe ici n'est rien que le Qatar et son idéologie intégriste dont le rêve non écrit est d'annihiler toute liberté qui ne viendrait directement de Dieu.

CHAPITRE 11

Le sacre du ballon rond

Pour comprendre ce que représente le sport pour la famille royale du Qatar, quoi de mieux qu'une image ? Jusqu'en juin 2012 la prodigieuse équipe du FC Barcelone est le seul club au monde à arborer sur son maillot le logo d'une entreprise caritative. Et non celle d'un marchand de télévisions ou de voitures. Une élégance qui se marie si bien avec l'intelligence et la subtilité du jeu des Catalans. Sur leurs chemises rouge et bleu, ces artistes ne portent rien d'autre que les lettres UNICEF (United Nations International Children's Emergency Found). Les fameux « millionnaires du foot » jouent avec le cœur sur la poitrine et leur club verse chaque année 2 millions d'euros à l'organisation.

Après juin 2012, 65 millions mis sur la table et la charité, c'est fini. Désormais le poitrail de Messi et de ses amis est orné d'un « Qatar Foundation » : l'argent a pris la place de la gratuité. Doha est devenu le « sponsor maillot ». Les puristes, et ceux qui continuent d'acheter ces tuniques pour leurs gosses, diront que l'UNICEF n'a pas été totalement effacée. Qu'à l'arrière, en bas de la chemisette, son sigle se lit encore... Pas sûr si l'arbitre fait appliquer la règle qui prescrit qu'un joueur doit obligatoirement évoluer avec le bas de son maillot glissé dans son short. Le seul zèle de cet homme peut escamoter les lettres qui symbolisent le malheur des enfants.

Le Qatar chassant l'UNICEF ? Pas grave, car l'émirat s'occupe du sort du monde. Pour le faire savoir, quelle vitrine plus visible que le buste des onze idoles du Barça ? Dans le monde entier des gosses qui jouent pieds nus entre les tas d'ordures savent maintenant que le Qatar est un bienfaiteur. Récemment, lors d'un passage dans les camps palestiniens de Sabra et Chatila qui, à Beyrouth, croulent sous la misère, nous avons pu constater que le maillot de propagande remplit sa fonction : ces gamins qui n'ont rien et souvent pas d'autre chemise portent le Qatar sur leur dos.

On voit des stades aussi vides que les musées, des équipes locales inexistantes, la location pour occuper la fonction de sportif « national » de mercenaires qui troquent leur passeport contre des dollars. Le sport est cruel, c'est un monde aussi brut que les chiffres. À l'aune de ces concurrents dans les stades, le Qatar est tout juste une ville moyenne à la taille de l'Europe. Peut-on demander au département de la Gironde, ou à Grenoble seule, de remporter des championnats, des coupes et des médailles, de battre des records ? Pour parler comme à l'INSEE, disons que le bassin de population est faible en nombre et peu motivé. Un exemple à la volée, son Académie sportive, sorte d'INSEP local, ne compte que 204 étudiants dont 60 Qataris. Et aucune femme.

Il y a d'abord le poids du climat, qui invite peu à l'exercice d'un hébertisme débridé. Mais sans un entraînement de galérien on ne décroche aucune timbale. Un clic sur Internet résume la situation : « Au Qatar le climat est désertique. L'été, de mai à octobre, est caniculaire (jusqu'à 46 °C) avec un fort taux d'humidité. Le chamal, vent violent et poussiéreux, provoque des tempêtes de sable. L'hiver (novembre à avril) est plus doux avec des nuits fraîches et de faibles pluies. » Disons que pendant six mois, une pratique normale du sport est ici impossible.

Capable de tout, le Qatar a donc choisi d'oublier où il était. C'est facile. On construit des arènes immenses et climatisées, des stades surmontés d'un nuage artificiel, où le spectateur est placé dans le flux d'un brumisateur. Pour l'instant, avant la mise en service de ces arènes destinées à la Coupe du monde, dont la construction relève de la science-fiction, pour pratiquer le sport à Doha il ne faut pas quitter les murs d'Aspire, « le plus grand dôme fermé du monde ». Ce monstre couvert a été dessiné par le Français Roger Taillibert, qu'on a vu renvoyer l'ascenseur – normal, pour un architecte – quand il a accueilli la cheikha Moza sous une autre coupole, celle de l'Académie française. Ici le sport se pratique donc sous cloche.

Cette donnée ne décourage pas les ambitieux de Doha qui sont prêts à tout pour obtenir, par exemple, le départ du Tour de France ! Dans le désert, la route serait arrosée d'eau... Ubu émir, roi du sport.

Un individu raisonnable souhaitant pratiquer le sport au Qatar s'en tiendra aux activités traditionnelles : cheval, tennis en salle et sports nautiques. À Doha, en dehors du prince Abdallah qui s'est offert le Prix de l'Arc de Triomphe et qui a une passion pour les chevaux, l'art équestre est moins prisé que dans les émirats voisins. Au point qu'Al-Maktoum, l'émir de Dubai, est champion du monde d'endurance. Une discipline rustique mais épuisante, qui peut être mortelle pour des montures confiées à des brutes. Alors on achève bien les chevaux. L'enjeu est de parcourir le plus vite possible une distance de 130 à 160 km. Avec des contrôles vétérinaires réguliers qui, en théorie, permettent de vérifier que l'animal est apte à repartir. Ce sport simple, les hommes du désert l'affectionnent.

Pour décrocher son titre de champion, Al-Maktoum n'a pas hésité, dans toute l'Europe mais surtout en France, à acheter les meilleurs chevaux, les meilleurs entraîneurs. Tous les meilleurs outils. Une manière radicale de couper les pattes de la concurrence. Et quand la bête meurt d'épuisement, on en achète une autre. Voilà que des Qataris, à leur tour, se sont mis en tête de damer le pion au roi de Dubai. Maintenant, à coups d'euros, ils disputent ce qu'il y a de meilleur à leurs frères ennemis et les éleveurs européens se réjouissent. Les amateurs de ce sport beaucoup moins et l'un d'eux nous confie que « c'est comme si le Qatar et Dubai avaient acheté toutes les équipes de foot de la Ligue 1 »...

Le premier engouement des pêcheurs de perles pour le sport fut de monter un club de foot au Qatar. Aujourd'hui, douze équipes se disputent un championnat de très faible intensité. Compétition qui présente des avantages pour les joueurs européens ou sud-américains en fin de carrière. Ils peuvent ainsi continuer de gagner de l'argent en trottinant sur un terrain de foot avec un souhait : pourvu qu'un partenaire ne me passe pas le ballon. On a même vu le Brésilien Ailton, un joueur coté et dans la force de l'âge, venir au pays des pêcheurs de perles. Subitement la Fédération internationale de football association (FIFA) s'est réveillée, choquée que cet Ailton, meilleur buteur du championnat allemand, s'en aille jouer en pantoufles au milieu de nulle part. Dans la foulée, la FIFA a interdit – en ce qui concerne la constitution des équipes nationales – la naturalisation massive de mercenaires.

Le championnat de ce foot local passionne si peu les foules qu'on a compté, un jour de pointe, 7 236 spectateurs pour un ensemble de quatre matchs. Une chambrée digne d'un Angers-Laval en Ligue 2, tout cela dans des stades immenses. Les spectateurs sont si pieux que lorsqu'un match se déroule à l'heure de la prière, le stade se vide le temps qu'il faut pour s'adresser à Dieu. Dans les tribunes, toute querelle de ménage est impossible, les femmes y sont absentes (tout autant que les travailleurs immigrés, qui ont construit les stades), les filles et épouses n'ont pas à jeter un œil sur tous ces beaux garçons en culotte courte.

Les quelques bons sportifs étrangers qui ont demandé leur naturalisation et font partie des équipes nationales sont soumis aux mêmes règles que les prolétaires népalais ou indiens. On ne leur remet leur passeport qu'au moment de quitter Doha pour le reprendre au retour. La règle est valable pour Stephen Cherono, champion kényan du 3 000 m steeple qui, en devenant qatari, a subitement répondu au doux nom en allitération de Saif Saaeed Shaheen. Cherono-Shaheen aurait touché un million d'euros à la signature pour un contrat lui garantissant une rente à vie.

Comme le montre la folle politique de recrutement sans plafond financier, celle qui préside au PSG, le sport n'a pas pour le Qatar un quelconque objectif de rentabilité Il est seulement un moyen de mettre sous les yeux du monde les cinq lettres du mot « Qatar ». Il y a quelques années, un Français organise une compétition à Doha. Discutant avec le comptable, le manager lui demande « comment inclure les recettes dans le bilan de l'épreuve ». Et l'homme des chiffres de tomber de sa chaise : « Mais monsieur, nous n'avons prévu aucune ligne au titre des recettes. » Les autorités du Qatar investissent pour que le pays, ses us et sa doctrine soient connus, enviés et respectés. On a même pu lire dans un quotidien publié en France :

« l'émir veut que la jeunesse française fasse du sport pour l'éloigner de l'islamisme »... Il faut oser !

Au Qatar, le foot est devenu un formidable enjeu politique. Le prince héritier, Tamim ben Hamad Al-Thani, un éclectique puisqu'il est à la fois chargé du Sport et de la Défense nationale ainsi que de la Sécurité alimentaire, doit trouver une légitimité face à HBJ, qui affecte d'occuper tout le terrain et joue le béton. Reste à Tamim à trouver des idées pour déborder HBJ sur les ailes. Acheter le maillot du FC Barcelone et le PSG tout entier, c'est son choix. Ces conventions donnent un accès facile aux centres de formation des clubs alors que d'autres liens existent aussi avec des académies moins huppées comme celle du Kas Eupen en Belgique. Depuis que le Qatar a lancé son programme, 2 millions de gamins footballeurs ont été testés de l'Europe à l'Asie. Quoi de plus évident que d'aiguiller les meilleurs vers Doha, et pourquoi pas de donner à ces espoirs un passeport qatari. Déjà l'équipe du Qatar compte quatorze de ces néo-passeports ! À force de patience, dans dix ans l'équipe nationale a ainsi une chance de gagner le Mondial. Le problème sera de choisir un hymne qui convienne à tous.

En France, l'offensive de Doha sur le PSG a fait couler des fleuves d'encre. Sa politique, celle d'acheter à tout prix, a même ému des députés et sénateurs qui envisagent de créer une commission d'enquête sur la façon de jeter cet argent par les fenêtres. Quant aux supporters, qui ne sont pas ceux du PSG, et qui s'inquiètent pour l'avenir de leurs clubs préférés, ils ont tort de prendre peur des euros de Doha. En avril 2013, en dépit de ses millions, le PSG n'avait toujours pas atomisé la concurrence. L'argent ne fait pas le buteur.

Bien évidemment, dans le monde du foot, caricature du libéralisme sauvage, l'arrivée du Qatar bouscule la Ligue 1. En période de « mercato », quand il faut acheter des joueurs, qui peut maintenant s'aligner sur ce PSG nabab ?

Personne et tant mieux. Le sport est si injuste qu'il est encore impossible d'acheter un club qui, d'un tour de clé, marche comme une Ferrari. En 2012 le championnat a été remporté par l'équipe de Montpellier alors que l'équipe de Loulou Nicollin n'était pas la plus riche, et de très loin. Que dire de Lorient, club de « Merlus » impécunieux ? Souvenons-nous des gamins performants de l'inimitable Guy Roux, économe de bouts de ficelle à Auxerre. Jean-Luc Lagardère, qui jadis s'était offert le Racing dont il avait fait, avec le Racing-Matra, un club de stars surpayées, a vite été dégoûté et s'en est retourné vers ses chevaux après avoir perdu ses illusions et son argent.

Pour justifier la douche d'or qui tombe sur le PSG, Doha a trouvé un argument : utiliser le foot pour faire venir des touristes au Qatar. On est prié de ne pas rire. Ainsi la moitié des 150 millions investis sera versée grâce à un « contrat d'image » entre le Qatar et le PSG, via la Qatar Tourism Authority qui dépend du ministère du Tourisme qatari[1]. L'image jusqu'à l'obsession. « Le rachat du PSG, explique dans *Le Monde* Nicolas de Tavernost, le patron de M6 et des Girondins de Bordeaux, est une mauvaise affaire pour les grands clubs français parce qu'il leur enlève toute rationalité économique. »

Avec les achats de droits de télévision nous entrons dans le sérieux, dans le sport en chambre forte. Le Qatar a acheté massivement les sésames cathodiques en mettant près d'un milliard d'euros sur le gazon. Les chaînes de sport en France ont acquis les droits pour diffuser huit matchs par journée de Ligue 1, soit 150 millions par saison et 600 millions pour la période 2012-2016. En Europe, Doha arrache la diffusion des plus beaux moments de la Ligue des champions : 133 matchs par saison pour 61 millions d'euros... soit près de 180 millions pour les années 2012 à 2015. Canal Plus s'est rabattu sur treize matchs « de premier choix ». Parties de foot que la chaîne cryptée a dû payer nettement plus cher qu'autrefois. C'est peu dire que « Canal » ne porte pas les Qataris dans son cœur.

Pour tenir le guidon de cet attelage du fric et du foot, Doha a débauché, à prix d'or bien sûr, un ancien du PSG et de la Juventus, Jean-Claude Blanc, pour en faire un directeur général. « Les dirigeants de Canal Plus sont traumatisés, glisse un administrateur maison. Ils pensent que le coup

---

1. Le plus gros contrat de sponsoring était jusque-là détenu par le club anglais de Manchester United, partenaire de Chevrolet (General Motors) : 65 millions d'euros.

d'après, dans trois ans, lors de la reconduction des droits des grands championnats (Premier League anglaise notamment), ils seront balayés. »

Durant l'automne 2012, les dirigeants de la chaîne cryptée se sont plaints à l'Élysée de cet impérialisme du Qatar. Les conseillers de François Hollande conservent une tendresse particulière pour cette chaîne, créée par André Rousselet, un des intimes de Mitterrand, là où Nicolas Sarkozy voue une rancune tenace à la chaîne des Guignols. « Canal Plus est un des dossiers sur lesquels François Hollande ne cédera pas un pouce de terrain aux Qataris », veut espérer un proche de l'Élysée.

Une certitude, les attaquants de Doha ont bouleversé les règles des grands diffuseurs du foot. Et ce n'est qu'un début. Les Qataris réalisent que le PSG ne pourra animer seul la Ligue 1 ni représenter assez fortement la France en Ligue des champions. Et ils envisagèrent même de favoriser la reprise de l'OM par une nouvelle équipe. Pour ce faire ils avaient pris contact avec un ancien patron du PSG, Charles Villeneuve, ainsi qu'avec Pape Diouf, un ex-président de Marseille. Les négociations échouèrent. Au même moment, en février 2013, l'émir de Bahreïn avait pris contact avec Jean-Michel Aulas, le patron de l'Olympique lyonnais, et ce n'était pas pour discuter soieries.

Autre projet caressé, puisque rien n'est assez beau, le rachat du Stade de France. Comme cette arène n'est pas rentable, et non amortie, l'hypothèse reste ouverte. Certes, de concert, la Mairie de Paris et Doha ont démenti. Au début de l'année

2013, même si Bertrand Delanoë reste fidèle à l'émirat, il y a le feu au sein de son conseil municipal. Les élus verts, en particulier, trouvent extravagant que la Ville continue de verser 5 millions d'euros de subvention à un PSG devenu le jouet de milliardaires. Ces élus cruels observent que le PSG ne répond même pas à son cahier des charges qui est de parrainer de petits clubs formateurs de nos banlieues. Doha n'aime-t-il plus les sauvageons ?

L'obtention de l'organisation de la Coupe du monde de foot 2022 est un couronnement qui devrait faire de l'émir l'empereur au ballon rond. Quoi de plus élevé que d'organiser la compétition la plus populaire de l'univers dans un pays grand comme un confetti ? Mais ce Mondial aura-t-il lieu ? La FIFA, consciente de s'être moquée du public en accordant ce joyau à Doha, attend que l'émir – sachant qu'il est impossible de pratiquer chez lui le foot par 50° – demande que l'on joue en hiver. Cette simple formalité suffit à remettre en cause l'attribution de la Coupe. La FIFA pourrait alors repartir de zéro et donner le Mondial à l'Angleterre ou aux États-Unis qui, selon les experts, le méritent tellement...

Le 29 janvier 2013, le magazine *France Football* publie une longue et passionnante enquête de deux journalistes particulièrement pugnaces, Éric Champel et Philippe Auclair, qui met du plomb dans l'aile à l'extravagant choix de la FIFA. La une ne fait pas dans la dentelle : « Coupe du monde, le Qatargate ». Pour faire court, le Qatar est accusé d'avoir acheté le Mondial. Au passage, Nicolas Sarkozy et Michel Platini, le patron de la Fédération européenne de foot, nous l'avons vu, n'apparaissent pas sous leur meilleur jour.

Intrigués eux aussi par cette incroyable cadeau accordé à l'émir, des journalistes du *Sunday Times* ont tendu un piège à deux grands électeurs de la FIFA. De ceux qui glissent dans l'urne le nom du pays qu'il faut choisir. Et l'enquête de l'hebdo britannique de montrer que, selon la gourmandise de chacun, l'achat de la voix oscillait de 570 000 à 1,6 million d'euros.

Et si ce Mondial était pour Doha un cadeau empoisonné, le bœuf avalé par la grenouille ? Dave Richards, le patron un brin chambreur de la Premier League anglaise, a soulevé la question très tôt, en affirmant qu'en obtenant le Mondial les Qataris « se mettaient la tête dans le sable », par exemple en évacuant un problème pour lui « majeur », le mariage de l'alcool et du foot : « Il va falloir bosser un max pendant les dix prochaines années au sujet de nos cultures respectives. Il y en a une dans le Golfe et vous avez remporté l'épreuve ; bonne chance à vous. Mais ça va bien au-delà de la compétition sportive. Vous devez prendre en considération le point de vue de dizaines de milliers de visiteurs. Dans notre pays et en Allemagne, la culture c'est d'aller se taper une pinte, et la pinte en question c'est de la bière. » Ce joyeux buveur s'interrompt trop vite dans l'énumération des avanies qui attendent Doha. Nous avons vu que les syndicats internationaux ouvriers vont demander l'annulation de la compétition à Doha, en tout cas appeler au boycott, si les conditions des ouvriers qui construisent les stades restent celles du « travail forcé ».

Mais voilà que les Qataris sortent de nouvelles cartes en promettant l'impensable : il y aura de l'alcool à disposition des spectateurs du Mondial. On étudie la mise en place de zones alcoolisées qui seraient comme des abreuvoirs... C'est ce qu'a promis Hassan Al-Thawadi, le secrétaire général du comité d'organisation de la grande kermesse footballistique : « Tout ce que je peux dire, c'est que l'alcool sera disponible ; peut-être pas aussi abondamment que dans d'autres pays, mais il y en aura. Le plus important c'est que chaque spectateur de la Coupe du monde puisse avoir du bon temps et découvrir la culture arabe et celle du Qatar, tout en se faisant plaisir... Nous avons des projets en cours sur lesquels nous fournirons plus de précisions au fur et à mesure de leur avancement. » Un conseil aux buveurs, avant de s'envoler pour Doha, qu'ils s'entraînent au régime sec.

Cette querelle de bibine n'est pas seulement drôle et dérisoire. Pour la FIFA elle est cruciale. Des discussions sur le sujet risquent d'être rudes. Tendues, si l'on note la nature de sponsors comme Anheuser-Busch, le fabricant de la célébrissime bière Budweiser, société qui vient juste de prolonger son contrat avec les petites mains de Sepp Blatter, l'hyperprésident de la FIFA.

Il y a parfois loin de la Coupe aux lèvres.

TROISIÈME PARTIE

À la conquête du monde !

CHAPITRE 12

Caméra au poing

Encourager la démocratie, à coups de canon s'il le faut, dans l'ensemble du monde arabe, sans jamais appliquer un seul de ses principes dans son propre pays, tel est l'exploit du Qatar. Le petit émirat est devenu un formidable propagandiste de ce que les médias ont baptisé le « printemps arabe ». Jusqu'à l'embrasement de la Tunisie, de l'Égypte et de la Libye, l'émirat semblait avant tout soucieux d'organiser son après-pétrole grâce à des investissements planétaires, à des placements dans l'innovation et la technologie. Ce désir de se préparer des lendemains qui chantent, cette montée en puissance, n'ont jamais déplu ni contrarié les ambitions de l'ami américain. Face à ses voisins iranien et saoudien, le Qatar prenait une revanche. Pays minuscule, certes, mais riche et incontournable. Enfin, comme l'expliquait en privé l'ancien patron des services secrets français Jean-Claude Cousseran, « le rôle que l'émir s'est adjugé dans les affaires internationales représentait la meilleure façon de tromper son ennui dans un monde dont il avait épuisé tous les charmes ». Pourquoi bouder son plaisir ? Faisons la révolution !

Comment expliquer ce soudain emballement pour la cause des peuples ? Dans quelles conditions la chaîne Al-Jazira se dresse-t-elle, caméra au poing, contre des régimes corrompus et sclérosés qui étaient, hier encore, les interlocuteurs d'Al-Thani ? Par quel retournement un despote encourage-t-il la colère contre des dictateurs qui sont ses amis de vingt ans ?

Ce n'est pas le Qatar seul qui a eu l'idée d'appliquer à la planète le modèle politico-religieux de la Turquie, où l'islam serait, disent ceux qui ne sont jamais allés en prison pour blasphème, « la forme musulmane de la démocratie chrétienne ». Ce qu'on ignorait, c'est que Mohamed Bouazizi, le marchand de quatre-saisons immolé en Tunisie, avait des amis qu'il ne connaissait pas et qui ne le connaissaient pas. Des amis qui, bras dessus bras dessous avec Doha, travaillaient de longue date au basculement de la rive sud de la Méditerranée. Le Qatar n'allait pas manquer de crier en chœur : « Dégage ! », de Tunis à Damas.

Les années Bush avaient bien tenté de créer un « nouveau » Moyen-Orient. Les crayons des néo-conservateurs avaient redessiné la carte, en commençant par l'Irak. Qu'ils ont détruit. Lorsqu'il est élu en 2008, Barack Obama n'a pas renoncé à changer le monde, à exporter la démocratie américaine, le rêve récurrent de la nation. Mais comment s'y prendre dans un pays impérialiste qui refuse de se l'avouer[1] ? Pour l'Américain, l'Amérique est une évidence : comment le reste du monde peut-il continuer de vivre en étant différent ? Faire le bonheur des autres, voilà l'unique but de ces missionnaires... Le mot n'est pas excessif dans un pays où la devise reste : « *In God we trust.* »

Mais la guerre n'est pas dans la nature de Barack Obama. Au chaos irakien et à l'Afghanistan brisé, le président préfère les révolutions tranquilles. Et ce n'est pas l'immolation d'un jeune vendeur de fruits et légumes de Sidi Bouzid, au cœur de la Tunisie des oubliés, qui à elle seule a provoqué l'étincelle révolutionnaire. Les meilleures improvisations se préparent. Fini les canons et les chars de « Tempête du désert », l'heure est à la révolte suscitée par Internet.

Le 23 avril 2012, le *New York Times* publie un article fort instructif signé Ron Nixon. Il décrit des vérités ignorées : « Pendant que les États-Unis injectaient des milliards de dollars dans les programmes militaires étrangers et les campagnes antiterroristes, un petit noyau d'organisations financées par le gouvernement américain tentait de promouvoir la démocratie dans les États arabes autoritaires... L'argent alloué à ces programmes ne

---

[1]. Pour essaimer l'*American way of life*, les organismes d'État les plus connus sont l'US Aid, fortement restructurée en 1961 par Kennedy, puis la NED, la National Endowment for Democracy, fondée par Reagan et dotée de 100 millions de dollars par an. Ces deux outils ont pour but de « soutenir la politique étrangère des États-Unis », marchant de conserve avec une agence amie, la CIA. Ainsi la casaque humanitaire peut-elle habiller les meilleurs espions.

représentait qu'une goutte d'eau par rapport aux sommes mobilisées par le Pentagone. Mais, au moment où ils reviennent sur les révolutions du "printemps arabe", des responsables américains et d'autres se rendent compte que ces campagnes en faveur de la démocratie ont nettement plus contribué à fomenter des manifestations qu'on ne l'imaginait auparavant – les principaux leaders des mouvements ayant été formés par les États-Unis à mener campagne, mobiliser leurs troupes grâce aux nouveaux médias, et à surveiller les élections[1]. »

Selon le chercheur canadien Ahmed Bensaada, les nouveaux mastodontes du Web ont signé « un pacte de bonne conduite » avec la Maison-Blanche. Google ou Facebook sont mobilisables pour pousser les peuples qui leur sont désignés à exiger la démocratie. Ainsi, en septembre 2010, Google a organisé à Budapest le forum « Internet Liberty ». Il réunissait nombre d'agences et d'entreprises américaines chargées de soutenir l'action politique du pays. À la suite de ce colloque, Madeleine Albright a lancé un programme géré par son institut : « Le réseau des blogueurs pour le Maghreb et le Moyen-Orient ».

---

1. Le journaliste donne des chiffres parlants : de 2007 à 2011, les États-Unis ont offert en moyenne 4,5 milliards de dollars par an d'armements à des pays étrangers (dont 1,3 milliard à l'Égypte). Pour la même période, Washington ne déboursait que 500 millions, toujours en moyenne, pour promouvoir la démocratie. Dans cette croisade pour la liberté le milliardaire George Soros est aussi très en pointe, lui qui finance aussi bien International Crisis Group que des sites web indépendants en Tunisie.

Dans ce plan d'expansion de la démocratie, où l'argent remplace les bataillons, le Qatar possède une incomparable puissance de feu. Chaque année, ce petit pays organise un « Forum for New or Restored Democracy ». Ce forum, copié sur le modèle américain, réunit tous les acteurs chargés de répandre la liberté. Mais aussi de défendre les intérêts majeurs de l'économie de la nation. En février 2006, l'ancien président Clinton, accompagné de sa fille, participe à cette agora aux côtés de Condie Rice, l'irréductible secrétaire d'État et vestale de George Bush.

Dans son livre, une enquête instructive sur l'ensemble de la mécanique qui a poussé les internautes dans la rue, *La Face cachée de la révolution tunisienne*[1], l'intellectuel Mezri Haddad pointe certains organismes mobilisés pour la gestion des « rebelles ». À propos de ce fécond forum de Doha, Haddad nous signale « qu'un document secret a été produit » au terme de cette « convention », son intitulé : *Projets de changement dans le monde arabe*. À la suite de quoi un Égyptien, Hicham Morsi, va créer « Academy for Change », un outil « arabe » issu directement de la réunion de Doha. Or, Hicham Morsi est un gendre de Qaradawi, l'imam-vedette qui prêche la *charia* sur Al-Jazira. Quant au groupe des Anonymous, formé de « résistants hackers », qui, le 2 janvier 2011, lance l'opération « Tunisia », il agit directement depuis les États-Unis.

---

1. *La Face cachée de la révolution tunisienne*, Mezri Haddad, Apopsix Éditions, 2011.

Gene Sharp est un nom qui revient sans cesse dans la bouche de ceux qui théorisent ces « printemps » spontanés dans le monde arabe. Véritable gourou pour ses disciples, Gene Sharp est un politologue américain. C'est lui qui a formulé le concept de « révolution sans violence ». Mais attention, Sharp n'est pas Gandhi, il n'a jamais contrarié les intérêts américains. Pour Sharp, la révolte se fait d'abord sur Internet, la Toile est le moyen d'alerter, de mobiliser. Il donne un mode d'emploi de la vidéo-rébellion. Une fois les insurgés dans la rue, en cas de bataille avec les forces de police, il faut filmer et « mettre en ligne ». S'il y a des blessés, tenter de les présenter comme des morts, bien insister sur les images violentes, sanglantes et les dramatiser. S'il y a des funérailles de victimes, surtout ne pas oublier de les scénariser. Autre principe essentiel, inviter l'adversaire à la désertion. Faire comprendre aux policiers et aux soldats qu'eux-mêmes appartiennent au peuple, et qu'ils font fausse route. Par exemple, ne traiter en aucun cas un CRS de SS, mais de frère.

Cette nouvelle politique du progrès démocratique par le « *light* » ou le « *cool* » a déjà été expérimentée lors des « révolutions orange » d'Ukraine et de Géorgie. Srdja Popović, nationaliste serbe fondateur avec Sharp de l'Institut Einstein, sous le bienveillant contrôle de la CIA, a servi de maître aux activistes des révolutions orange. Après ses premiers succès, Popovic va recevoir des stagiaires envoyés à Belgrade par les États-Unis et le Qatar.

C'est dans cet Institut Einstein de Belgrade que Mohamed Adel, héros du « printemps » égyptien, blogueur réactif et de référence, membre éminent de l'Academy for Change de Doha, avoue avoir suivi des stages de formation à la *soft revolution*. Par sa richesse, qui lui permet de distribuer des bourses et d'organiser des cessions de « démocratie par le Web » à Doha ou ailleurs, le Qatar est donc bien un initiateur du « printemps arabe ». Et les jeunes blogueurs et utilisateurs de Facebook, ceux qui ont bénéficié de l'enseignement de la révolution, ne sont pas pour autant des agents de la CIA.

Annoncer en 2010 la révolution sur la rive sud de la Méditerranée ne relevait pas de l'impossible. En août de cette année-là, le *New York Times* fait état d'un rapport secret qui annonce que tout est mûr pour implosion. Le Qatar touche bientôt au but qu'il poursuit depuis 1996 avec la création d'Al-Jazira : faire tomber de leurs trônes ces potentats dont on affecte d'être les amis depuis près de vingt ans. Ces « printemps » sont si salutaires qu'en avril 2011 l'émir, en visite à Washington, sera remercié par le président Obama « pour le rôle qu'il a joué dans les révolutions arabe »...

Affirmer que ces scènes de rue, ces manifestations sanglantes à Tunis ou au Caire, sont le simple produit d'une machine qui se nommerait Internet est exactement le contraire de ce que nous voulons dire. Si les révoltes se sont produites et si Internet les a facilitées, le moteur et la raison s'appelaient rage. Une colère désespérée provoquée par des dictatures corrompues, cupides et cruelles, paraissant éternelles. Le début du « printemps » a vraiment été celui d'une Commune, où le peuple, celui qui dresse des barricades, a cru prendre le pouvoir en criant : « Ben Ali t'es foutu, la colère est dans la rue. » *Idem* pour l'Égypte, où il fallait que le « pharaon descende au cercueil ». La suite ? Comme toujours dans les révolutions, la fin de la récréation sonne. Au bout de la cloche, en Égypte, en Tunisie, en Syrie, on trouve les Frères musulmans. On croyait les avoir oubliés... Rentrez chez vous, il n'y a plus rien à voir.

Le 21 juillet 2011, lors d'une manifestation de partis de l'opposition à Tunis, la foule s'écrie : « Al-Jazira, dégage ! » Pourquoi tant de haine ? Passé le temps du jasmin, la chaîne qatarie apparaît comme l'instrument des islamistes. Rien de plus éclairant que les mots de Lina Chebel prononcés le 30 mars 2012 devant les micros de télévisons arabes. La jeune femme est une journaliste chevronnée qui a travaillé de 2002 à 2010 sur la chaîne qatarie, avant de démissionner, avec d'autres confrères, « par dégoût de la machination ». Lina n'est pas tendre sur le comportement de « sa » chaîne pendant les « printemps ». Elle explique la façon de « fabriquer l'information » et parle de « complot » : « Diffuser cinq fausses nouvelles. Puis une vraie pour fidéliser le public. [...] Des rumeurs et des informations inventées, ou sélectionnées en fonction des dégâts qu'elles peuvent produire, sont régulièrement diffusées... » Sous la direction de Wadah Khanfar, ce Frère musulman et ancien journaliste de *Voice of America*, Al-Jazira scénarise les révolutions comme on le fait pour les films à Hollywood. On choisit un religieux ordinaire et on en fait un faux héros, on invente un épisode, quitte à tourner de vrais faux « reportages ». Et la tendance s'aggrave quand, en septembre 2011, Khanfar est remplacé par Ahmed bin Jassim bin Mohamed Al-Thani, ancien administrateur de Qatargaz et cousin de l'émir. Dans un entretien accordé par Ghassan Ben Jeddou, autre démissionnaire d'Al-Jazira, au quotidien *Assafir*, le journaliste raconte : « Al-Jazira a détruit un rêve entier de professionnalisme et d'objectivité. Ce professionnalisme est désormais devenu le caniveau après que la chaîne est sortie de son identité de média et s'est transformée en chambre d'opération pour la propagande et la mobilisation. » Ben Jeddou souligne par ailleurs la doctrine éditoriale, établie par son employeur, pour couvrir le « printemps » libyen : « Ceux qui ont la possibilité de se repasser aujourd'hui les bandes de nos journaux télévisés enregistrées à l'époque de l'offensive contre Kadhafi le constateront : pas un mot ou presque n'a été dit sur l'action des forces de l'Otan. Le message était clair : la Libye s'est libérée seule, grâce au soutien du Qatar. »

Une chaîne de télévision qui manipule des images, voilà une bien vieille recette. Elle est souvent américaine. Lors de la première guerre du Golfe, en 1991, les télévisions US ont montré des images de cormorans mazoutés, victimes d'une marée noire déclenchée par Saddam Hussein. Projeté aussi des « témoignages » affirmant que des soldats irakiens avaient volé les couveuses des prématurés de l'hôpital de Koweït City. Hélas, les cormorans étaient des victimes du naufrage du *Torrey Canyon* filmées en Bretagne et la scène des couveuses avait été tournée dans un studio américain.

Parmi les sagas de la chaîne satellitaire, nous évoquions la vie rêvée des héros, ces personnages qui n'ont rien fait d'important, mais dont Doha décide qu'ils seront exemplaires. Ainsi, Ahmed Hafnaoui, commerçant sympathique de Tunis, filmé au moment où il apprend que Ben Ali vient de prendre la fuite et qu'il ne sera pas jugé. L'homme se tire les cheveux en arrière et crie : « *harremma* » (nous sommes écrasés). Al-Jazira fait de cet épisode un spot qu'elle repasse en boucle. « *Harremma* » devient un slogan dans tout le monde arabe. Hafnaoui, le marchand pas vraiment rebelle, est devenu un consultant d'Al-Jazira qu'on aime inviter à des débats[1]. Mais le super-héros du « printemps » tunisien fut Rached Ghannouchi, le patron du parti islamiste Ennahda, dont le gendre, un ancien cadre d'Al-Jazira, va devenir ministre des Affaires étrangères. Deux ans plus tard, le ton de la chaîne n'est plus le même. Le 9 février 2013, à Tunis, lors des funérailles de Chokri Belaïd, le héros de la gauche laïque assassiné, Al-Jazira ne diffuse que quelques plans du cercueil. Sur le reste

---

1. Le scénario des révolutions vues à travers les écrans d'Al-Jazira est très bien décrit dans l'ouvrage déjà cité de Naoufel Brahimi, *Le Printemps arabe, une manipulation ?*

des images, on ne voit s'agiter que des drapeaux des islamistes d'Ennahda... alors que ses militants sont absents de la cérémonie !

En Égypte, aux prémices de la « révolution », la télé de Doha installe une annexe de son antenne principale, « Misr Direct ». C'est un appendice qui diffuse en permanence les événements de la place Tahrir. Tout cela entrecoupé de *talk-shows* ou de *fatwas* lancées depuis Doha par Qaradawi. Au Caire, deux héros sont sélectionnés dans le *casting* : l'imam Safwat Hegazi, dont on écrit la vie fictive en images pour en faire le vrai père de la révolte, et « Majed cœur de lion », un capitaine copte qui aurait fait fuir des tireurs embusqués et devient le chrétien magnifique, le frère des Frères. Pour fabriquer des icônes, c'est toujours la même cuisine. Les « politologues » de la chaîne choisissent des opposants islamistes, vivant en exil, fatigués et éloignés des réalités de leur pays. Par magie, Al-Jazira les transforme en hommes d'avenir, ceux qui vont sauver le peuple en colère.

Comme on le dit chez les étudiants, la chaîne agit comme la « coordination » du printemps. Avant les manifs, elle donne les lieux de rendez-vous et les slogans. Plus tard, quand il s'agira de faire grève pour célébrer l'anniversaire de la chute de Moubarak, Al-Jazira, maintenant voix des Frères, lance un interdit par la voix de l'imam Ahmed El-Tayeb, qui déclare cette grève « *haram* » (impure).

On notera la grande réserve d'Al-Jazira face au printemps de Bahreïn, où l'émir de Doha a envoyé ses troupes pour aider à écraser dans le sang la révolte de la majorité chiite. Le clairvoyant imam Qaradawi a tout de suite apprécié la situation : « Il ne s'agit que de troubles provoqués par une secte. » Après Al-Jazira, les médias du reste du monde vont détourner leur regard de ce printemps qui ne méritait pas d'éclore.

Les peuples et ceux qui entendent les régir sont imprévisibles. Kadhafi apparaissant comme un colonel éternel, isolé dans sa Jamahiriya comme un fou dans son cabanon. La Libye, dont on disait qu'elle était un pays sans peuple, ne pouvait être touchée par la révolte des gueux. C'est oublier que le Qatar et la France ont décidé de tirer le tapis sous les pieds du tyran de Tripoli.

CHAPITRE 13

Allah, que la guerre est jolie !

La distinction entre les bons et les mauvais tyrans est délicate. Ainsi, l'émir, tout comme son indéfectible allié Nicolas Sarkozy, va faire preuve d'une grande duplicité en abandonnant ses amis en un tournemain. Entre Al-Thani et Ben Ali, pas de tendresse, mais Doha supporte l'ami tyran depuis toujours. En 2008, lors des émeutes dans le bassin minier de Gafsa, brutalement réprimées par le pouvoir tunisien, Al-Jazira ne tourne pas une image. L'émir, comme nous l'avons vu, participe à de vastes projets immobiliers dans la baie de Gammarth. Il a même offert un appartement à Slim Chiboub, le gendre de Ben Ali.

Les amis français de Ben Ali deviennent, par ricochet, ceux d'Al-Thani. Grands défenseurs du pouvoir tunisien, Éric Raoult, président du groupe d'amitié France-Tunisie, Michel Boyon, ancien directeur de cabinet de Jean-Pierre Raffarin et ex-patron du CSA, et sa femme Marie-Luce Skraburski, collaboratrice de l'agence de communication Image 7

– chargée de la « com » du palais de Carthage – sont invités jusqu'en 2010 à Doha. Un an avant sa chute le général Ben Ali ne rencontre au Qatar que des gens qui affirment l'aimer.

Avec Kadhafi, les relations sont plus chaleureuses. L'émir a envie de partager la domination de Tripoli sur l'Afrique. La proximité du Guide et d'Al-Thani naît le jour où le roi d'Arabie traite publiquement Kadhafi de « chien ». Pour se venger, ce dernier offre à l'émir du Qatar, connu comme le meilleur ennemi des Saoudiens, une sorte de bail gracieux sur le Sud libyen, où s'agitent de coriaces Toubous. À longueur de reportages, Al-Jazira loue les qualités du Guide. Après la fin des hostilités en Libye, la cellule « Gestion financière » de la Banque mondiale, constituée d'une vingtaine de cracks de l'investigation capables de « filocher » les milliards, s'est penchée sur les avoirs du colonel à travers le monde. Cent soixante-cinq milliards de dollars détournés par le régime libyen ont pu être identifiés dans vingt-sept pays. On savait que Kadhafi avait placé quelques économies au Venezuela, où il entretenait d'excellentes relations avec Hugo Chávez, ou encore dans l'Italie de Berlusconi, en Suisse, aux États-Unis et dans les filiales tunisiennes des banques de Tripoli. Mais l'énorme surprise, la voici : les enquêteurs de la Banque mondiale ont découvert que 50 milliards de dollars, prélevés par le dictateur sur les comptes « publics » pour lui et ses clans, ont été placés au Qatar. Ainsi, l'émirat faisait fonction d'une formidable blanchisseuse au profit de l'ami libyen.

Alors, pourquoi tant de haine ? Et que sont devenus les milliards du Guide ? « Une partie importante de ces fonds ont été convertis en placements dans des fonds de pension ou dans l'immobilier », explique-t-on à Paris en très haut lieu[1]. Nous sommes dans la zone noire du « confidentiel défense ». À la fin du mois de février 2013, un avocat parisien était approché par des Libyens ayant vécu une terrible aventure, juste au moment de la chute de Tripoli. Ces hauts fonctionnaires, proches du sérail de Kadhafi, auraient été « capturés par des Français et des Qataris ». Ils auraient alors été « torturés afin qu'ils avouent » ce qu'ils savaient des « caches » du magot du colonel…

À la remorque des Qataris, auxquels Sarkozy a tout bonnement confié l'orientation de notre politique arabe, les Français vont montrer une extraordinaire capacité à retourner leur veste. Hélas, les images des embrassades de dictateurs sont indélébiles : s'il existe un chef d'État occidental qui a été proche de Ben Ali et de Kadhafi, c'est bien Nicolas Sarkozy. Son tardif soutien au « printemps arabe » est une volte-face. « Un trou noir », c'est l'expression brutale qu'utilise le Quai d'Orsay pour décrire l'anéantissement des gouvernants français lorsque Ben Ali, le 14 janvier 2011, s'envole à 18 heures en direction de Djedda, en Arabie saoudite, où feu le prince Naief, ministre de l'Intérieur et grand amateur de chasse au sanglier en Tunisie, lui offre l'asile. Après vingt-trois années

---

1. Entretien avec un des auteurs.

de complaisance, la diplomatie française est condamnée à tourner une page de sa sombre histoire. Ce que fait sans mollir Nicolas Sarkozy, et à la hussarde.

Un mois après le départ de Ben Ali, le 24 janvier 2011, Alain Juppé est nommé à la tête du Quai. Le discours change. Quelques jours plus tard, son voyage officiel à Tunis indique une approche radicalement nouvelle du monde arabe : « Nous, Français, pensions très bien connaître les pays arabes, mais nous en ignorions des pans entiers. […] Trop longtemps, nous avons brandi la menace islamiste pour justifier une certaine complaisance à l'égard des gouvernements qui bafouaient la liberté. » Nous voici loin de la rhétorique, celle de Jacques Chirac et de Nicolas Sarkozy, vantant « le miracle tunisien » du président Ben Ali, « seul rempart contre le mal absolu : l'intégrisme ».

À longueur d'entretiens, Nicolas Sarkozy, qui a la foi des repentis, affirme son soutien au « printemps » tunisien. En février 2011, Rached Ghannouchi est la première personnalité de la Tunisie nouvelle à être reçue à Paris. Dans la foulée, les voyages ministériels se multiplient, y compris ceux d'Éric Besson ou Frédéric Mitterrand, très proches de l'ancien régime. « C'est l'époque où l'ancien ambassadeur, Boris Boillon, raconte un diplomate, se vantait de recevoir un ministre par jour, même s'il ne connaissait guère leurs dossiers. » Du passé faisant table rase, Sarkozy décide, seul et contre l'avis de ses plus proches conseillers, du principe d'une intervention en Libye.

Puisqu'on a raté une révolution, engageons-en une autre !

Le 7 mars 2011, une réunion est organisée à l'Élysée sur « les flux migratoires en Méditerranée ». Alain Juppé est présent. Claude Guéant, alors ministre de l'Intérieur, entame son exposé lorsque Nicolas Sarkozy l'interrompt : « Claude, je crois que le ministre des Affaires étrangères va prendre la parole : nous allons intervenir en Libye. » Interloqué, le fidèle collaborateur de Nicolas Sarkozy, très grand ami de la Libye, comprend qu'une page est tournée. Pas plus que Claude Guéant, Bernard Squarcini, alors patron de la DCRI (résultat de la fusion des anciens RG avec la DST), n'est favorable à l'intervention. « Nous craignions, explique Squarcini, un conflit long et difficile aux effets dévastateurs pour la région, ce qui va être effectivement le cas lorsqu'on voit aujourd'hui ce qui se passe au Nord-Mali[1]. » Juppé fait le fier mais il confie à des proches qu'il ne comprend pas la raison de cette guerre subite...

Pourquoi un tel retournement ? Est-ce la force de persuasion de l'émir, conseiller de Sarkozy ? Est-ce une volonté de se venger de Kadhafi qui n'a pas honoré les contrats promis ? Enfin, tentons l'hypothèse *people* : Est-ce parce que le colonel a tenté de séduire Cecilia, quand elle s'est rendue en Libye pour la libération des infirmières bulgares ?

Un dernier scénario – qui n'a jamais été démontré – expliquerait plus trivialement l'intervention

---

1. Entretien avec un des auteurs.

de la France aux côtés des Qataris. Première étape, on élimine Kadhafi, un tyran dont la disparition ne fera pleurer personne, et un témoin de trop nombreuses frasques financières. Seconde étape, on tente de mettre la main sur son trésor. Bien sûr, pour le restituer à la Libye renaissante. Intermédiaire flamboyant des grands contrats de sous-marins et de frégates pendant les années 1990, intime de Jean-François Copé et de Brice Hortefeux, le Libanais Ziad Takieddine accuse Nicolas Sarkozy et Claude Guéant d'avoir, en 2007, empoché plus de 50 millions d'euros venant du trésor de Mouammar Kadhafi. Lors de cette déclaration, faite le 19 décembre 2012, Takieddine est dans un cabinet d'instruction où il se confie au juge Renaud Van Ruymbeke. Six mois plus tôt, en mai 2012, pendant la dernière campagne présidentielle, le site Médiapart a déjà publié un document faisant état de quelques largesses faites à Nicolas Sarkozy. Le chiffre donné est identique : 50 millions.

Aucun élément n'est venu confirmer l'ensemble de ces accusations, qui mettent aussi en cause Claude Guéant. D'autant que Takieddine a une notion élastique des frontières qui séparent la vérité du mensonge. Lâché par tous, même ceux qu'il a fidèlement servis, le porteur de mallettes a toutes les raisons de se venger de ses anciens amis, Nicolas Sarkozy et Claude Guéant. Seuls les avocats de Mahmoud Bagdadi, l'ancien Premier ministre de Kadhafi, aujourd'hui embastillé à Tripoli après avoir été extradé de Tunisie par les islamistes, ont témoigné de la validité du document produit par Médiapart. Reste la concordance des rumeurs et des informations sur les relations rocambolesques entre Paris et Tripoli pendant le quinquennat de Sarkozy.

Tripoli tombé, la garde rapprochée du colonel s'est réfugiée à Tunis, à Alger et au Caire. Les anciens de la Jamahiriya confirment les accusations de financement libyen de la campagne présidentielle française du printemps 2007 : « Fin 2006, un mystérieux avion, où avait pris place Bechir Saleh, le directeur de cabinet du Guide, s'est envolé de Syrte, la ville natale de Kadhafi. Direction Paris, via Djerba en Tunisie », explique une avocate libyenne, intime du colonel, rencontrée dans le quartier du Lac, dans la banlieue de Tunis. Elle ajoute comme dans un jeu à énigmes : « C'est ici que vous trouverez... » Visiblement la juriste en sait plus. Il ne faut pas lui en vouloir pour sa prudence : dans les rangs de ceux qui ont été les témoins de la générosité du dictateur libyen, on compte déjà trois décès bien étranges, dont celui, spectaculaire, de l'ancien ministre du pétrole Choukri Ghanem, retrouvé noyé à Vienne dans les eaux du Danube.

Toujours en Tunisie, un ancien ministre et haut responsable des Comités révolutionnaires libyens évoque « trois versements vers l'Italie et Malte, via des faux contrats commerciaux ». Parfait, mais pourquoi ne pas avoir dénoncé ces dérives durant la guerre avec la France ? « Saif, le fils du Guide, l'avait fait, répond notre interlocuteur. Il a parlé des millions pour Sarkozy devant toutes les télévisions du monde. Nous espérions que le président français était plus rationnel et qu'il trouverait un accord avec ceux qui détiennent des secrets aussi brûlants[1]. » Décryptage : notre ministre veut dire qu'à l'annonce de Saif Al-Islam Nicolas Sarkozy était censé « comprendre le message » et stopper immédiatement l'offensive française. À Alger, où sont réfugiés sous très haute surveillance Aïcha, la fille chérie de Kadhafi, et Hannibal, son fils, un des rares Algériens à approcher la maison qu'ils habitent au cœur d'Alger confirme que « de gros transferts de *cash* ont eu lieu entre Tripoli et Paris, via Djerba, en cette fin de 2006 »…

Les motivations profondes des Qataris et des Français pour livrer une guerre à Kadhafi restent donc inexplicables, en tout cas incompréhensibles, sans percer un secret profondément enfoui. Les hostilités sont déclarées le 19 mars 2011, alors que les chars libyens sont aux portes de Benghazi, capitale de la Cyrénaïque. Que Benghazi soit en colère est une routine. Au prétexte que les tribus d'ici sont historiquement ennemies de celles qui soutiennent Kadhafi, de temps en temps, ça barde dans les rues de cette ville qui ferme le golfe de Syrte, et parfois lourdement et dans le sang, puisque le Guide n'est pas avare de la vie des autres. En 1996, ce sont, selon les comptes de Human Rights Watch, « au moins » 1 270 prison-

---

1. Autant de témoignages recueillis à Alger et à Tunis par l'un des auteurs auprès d'anciens responsables du régime libyen.

niers qui ont été transférés puis torturés et massacrés dans la prison d'Abou Salim à Tripoli. Un détail dans la longue litanie de meurtres qui a jalonné la révolution verte. Avocat de trente-neuf ans, Fathi Terbil s'entête depuis cinq ans à demander des informations sur l'exécution de ces hommes, presque tous originaires de Cyrénaïque. Il a réussi à imprimer quelques tracts et, par le truchement d'Internet, à encourager tous ceux que le régime opprime à manifester.

La police libyenne étant le seul service de l'État fonctionnant vraiment bien, qualité commune à toutes les dictatures, l'avocat Terbil et ses amis, ses « complices », sont arrêtés. La révolte monte d'un cran. Un peu de Facebook, cette arme que Saif Al-Islam, fils du Guide et successeur promis, a développée pour sa propagande, et les fidèles de Terbil appellent à manifester le 17 février à Benghazi. La Cyrénaïque reste le berceau du vieux royaume senoussi dont la dernière couronne, dévissée par Kadhafi en septembre 1969, fut le roi Idris. Ici, on reste monarchiste. Et religieux.

Benghazi et la Cyrénaïque sont franchement « islamistes ». Ne serait-ce qu'en raison de la présence de nombreux Frères musulmans égyptiens qui ont fui les persécutions de Moubarak. Sur une liste de six cents noms de jihadistes étrangers, retrouvée en Irak, cent douze sont libyens et originaires de cette province est du pays. Sur le plan économique, Kadhafi néglige ces tribus réputées rebelles qui compensent en organisant des trafics de tous ordres, du passage vers l'Europe de travailleurs clandestins aux armes et à la drogue. Née de cette industrie parallèle, la mafia locale souhaite elle aussi liquider le régime de Tripoli, qui ponctionne une dîme sur ses affaires.

Sur le plan religieux, Ismaël Salabi, trente-quatre ans, n'a pas froid aux yeux. La faute à la prison. Lors d'une rencontre avec Pierre Prier, le grand reporter du *Figaro*, le taciturne Ismaël, patron militaire des rebelles de l'est, a quand même révélé : « Mes frères et mes sœurs étaient tous en exil à cause de mes activités. J'ai fait de la prison de 1997 à 2003. C'est là que j'ai découvert ma religion[1]... » Autrement dit, le passage de l'islam ordinaire au salafisme. Parmi ses proches réfugiés à l'étranger, le plus notable est Ali, un Frère musulman important. Il se trouve à Doha et prêche sur Al-Jazira pour y dire tout le mal qu'il faut penser de Kadhafi... un Guide qui, à l'époque, entretient de très bonnes relations avec l'émir Al-Thani.

Mais en février 2011, dans la foulée de la chute de Ben Ali, l'émir et son compère Premier ministre, HBJ, estiment qu'il est temps de faire tomber Kadhafi. Les raisons de ce coup de lame dans le dos ? Un ancien fonctionnaire de la DGSE, reconverti dans les affaires, répond :

« L'argent est la religion. Ou la religion est l'argent. Le cheikh Hamad Al-Thani, irrémédiable messianiste, qui estime être le dernier des wahha-

---

1. *Le Figaro*, Pierre Prier, « Islamistes et laïcs se toisent à Benghazi », 6 septembre 2011.

bites purs et durs, imagine opportun de restaurer, en Libye, le royaume senoussi et l'islam musclé qui est sa doctrine. » Très vite, des couturières sont assignées à la fabrication du drapeau de feu le roi Idris. Les étendards seront ensuite livrés aux révoltés de Benghazi par les agents des forces spéciales du Qatar, comme on le fait dans les stades les jours de match. L'emblème renaissant va désormais pousser sur les maisons, les édifices publics et les 4 × 4 des rebelles. Doha a aussi décidé de déclencher cette « guerre de libération » pour des raisons financières. Un autre expert, citoyen américain occupant un poste diplomatique dans un pays clé du Sahara, explique :

« Contrôler la Libye, c'est le moyen de mettre son nez dans le pétrole local, réputé idéal pour sa légèreté. C'est aussi l'occasion de chasser les trente mille Chinois qui campent autour de Tripoli et y font trop d'affaires. L'occasion de reprendre en main les réseaux de Mouammar Kadhafi. Ce n'est pas seulement pour la beauté de la broche, une carte d'Afrique émaillée en vert, que le Guide arborait le continent au côté gauche. Tchad, Niger, Mali, Mauritanie et Ouest subsaharien, l'inventeur de la Jamahiriya a de solides réseaux, sortes de succursales. »

En ce début février 2011, après que la police a tiré dans la foule à Benghazi et Tripoli, Ismaël Salabi, aidé par les experts venus de Doha, crée la première unité combattante de cette guerre civile, la « Katiba du 17-Février ». Elle devient le bataillon-vedette des caméras d'Al-Jazira, qui vont pratiquement ignorer la progression militaire rendue possible par les bombardements de l'OTAN pour ne montrer que de bons et courageux jihadistes. Transitant par le désert de Cyrénaïque ou par la mer, des tonnes d'armes accompagnées de conseillers, d'abord français puis anglais et enfin américains, arrivent à Benghazi. Nicolas Sarkozy a en effet décidé de mettre le paquet pour « libérer la Libye », c'est-à-dire liquider Kadhafi, un ami de trois ans.

Tous ces rebelles, déclarés un peu partout sauf à Tripoli, veulent des armes et de l'argent. Pour les dollars, Doha s'en occupe et va mettre 400 millions sur le tapis. Pour les armes, c'est également l'émir qui paye. Les fusils et missiles sont achetés à Paris qui, officiellement, les livre à Doha. En réalité, un « logisticien » habitué à aiguiller les cargaisons sensibles n'a pas constaté pareille rigueur :

« Beaucoup d'armes ont été livrées au Tchad, d'autres sont arrivées directement en Libye, où des agents français ont rafistolé et balisé des pistes afin que des avions puissent se poser. Enfin, le trafic sur le Qatar a été intense et, pendant tout le conflit, vingt et un cargos ont fait la route entre Doha, la Libye et parfois la Tunisie. »

Les soldats qataris qui, excepté quelques officiers, sont aussi « qataris » que les Suisses du pape, sont très présents sur le terrain d'une guerre qui, *dixit* l'ONU, ne doit pas être « terrestre ». Sous l'uniforme, on trouve de nombreux chiens de guerre : des membres des forces spéciales qui sont français, anglais ou américains. Et des mercenaires, des hommes aguerris en Irak sous la bannière de Blackwater, cette firme US qui permet de privatiser la guerre.

Avec l'arrivée de la France, l'émir se sent plus léger : il apporte la « caution arabe » alors que Nicolas Sarkozy, et son conseiller furtif Bernard-Henri Lévy, déposent dans la corbeille bombes et droits de l'homme. Un état-major franco-qatari est installé à Doha. Un officier, qui a eu le privilège de servir sous les ordres de cet étonnant attelage, raconte : « Même si quelques officiers qataris ont fait Saint-Cyr, nous avons des critères très différents. Il est clair que, dans son esprit, un Qatari est fait pour commander et tous les autres pour obéir. Par moments, ça a été assez chaud... » Dans ce QG vont défiler nos élites militaires. Outre le général Benoît Puga, le chef d'état-major particulier de Nicolas Sarkozy, on va croiser au Qatar le patron de la DGSE et le numéro deux de l'armée française. Doha, c'est Verdun.

Pendant que nos cerveaux militaires « planchent » avec prudence, les Qataris, impatients, « poussent à l'action coûte que coûte », nous dit notre témoin.

Heureusement, une solution se dessine depuis la Tunisie. Sous les jasmins se retrouvent deux Libyens, Abdel Majid Mlegta et Othman Abdel-Jalil. Le premier dirige une société qui approvisionne l'armée libyenne en denrées alimentaires, et corruption aidant, a noué des liens en or avec nombre d'officiers de très haut rang dans tout le pays. Le second est un biochimiste qui s'est réfugié au Canada, et qui compare la Libye à « un corps humain formé de cellules ». À partir des informations fournies par Mlegta et de la localisation de militaires capables de faire défection, Abdel-Jalil dessine une carte des « cellules » de la « résistance ».

Les deux stratèges sont si convaincants que, pilotés par le parrain qatari, ils se retrouvent à l'Élysée. Le président les confie à la DGSE, qui va les recevoir cinq fois pour des séjours de plusieurs jours. Ce sont d'abord les Qataris qui se chargent d'acheminer vers les « cellules » dessinées par le duo des moyens radio et quelques armes. Jusqu'à ce que la DGSE, les hommes du MI6 et de la CIA prennent le relais.

Mais cette guerre commence à donner la jaunisse à l'émir, qui n'imaginait pas Kadhafi si coriace. Le général Abdul Flath Younès, ancien ministre de l'Intérieur (qui sera assassiné par ses amis de la Katiba du 17-Février) qui a déserté pour diriger les insurgés et connaît les points faibles de la défense de Kadhafi, souffle l'idée d'ouvrir un maquis dans les montagnes du Nefoussa, à l'ouest de Tripoli. La France accepte et prépare une fois de plus des pistes pour des atterrissages à la diable. Ce maquis est plus ou moins pris en main par Abelhakim Belhaj, un Libyen de quarante et un ans. Soupçonné d'être un « jihadiste », Belhaj a été fait prisonnier au Pakistan par la CIA. Qui l'a envoyé en Asie, où il a été torturé par des sous-traitants. Finalement, croyant sa mort assurée, la CIA décide de remettre ce fou de Dieu à Kadhafi. Le Guide va le garder cinq ans puis le remettre en liberté au nom de la « réconciliation nationale ».

Le 19 août, dans le djebel Nefoussa où ils règnent en patrons, les Qataris se déclarent prêts à « fondre sur Tripoli ». Optimisme que ne partagent pas les experts français. Tempête de l'émir auprès de Nicolas Sarkozy : l'ordre d'assaut est donné. C'est ainsi qu'Al-Jazira va filmer à bout portant sa 2e DB, avec le jihadiste Belhaj dans le rôle de Leclerc. Outre le drapeau du roi Idris, qui est redevenu la bannière officielle, une main anonyme plante l'emblème du Qatar sur les ruines de Bab Al-Aziziya, le palais fumant de Kadhafi.

Maintenant que la messe libyenne est dite, alors que le PS a approuvé la guerre conduite contre Tripoli, plusieurs députés de ce parti devenu majoritaire se réveillent un peu tard. « Soupçons de corruption, diplomatie parallèle, vente d'armes, guerre, témoins en fuite ou réduits au silence », écrit l'agence Reuters : voilà le menu qui attend ces députés en colère qui demandent une enquête parlementaire. Elle porterait sur « les relations franco-libyennes de 2005 à 2011 ». Autrement dit, la période où Sarkozy a été ministre de l'Intérieur puis président de la République... Les écologistes aussi, sauf Cécile Duflot, montent au créneau. François de Rugy, député vert de Loire-Atlantique, observe : « Sur Kadhafi, il y a eu un retournement complet de la France, le tapis rouge qu'on lui a déroulé en décembre 2007, notamment à l'Assemblée nationale, fut une pantalonnade complète. Et quelque temps après, Sarkozy change de pied ? On est en droit de s'interroger sur un tel revirement... » Pouria Amirshahi, élu des Français de l'étranger, va droit au cœur du sujet : « La question d'une éventuelle corruption est évidemment très présente. Au-delà de l'argent sale, l'irresponsabilité de Sarkozy pèsera lourd sur la région. [...] Il l'a laissée dans le chaos. » Réveillés, ces élus sont vraiment bien perspicaces !

CHAPITRE 14

Tempêtes… de sable

La misère endémique qui touche le Mali est une histoire vieille comme les colonies, le maître étalon du désespoir mesuré dans l'un des pays les plus pauvres du monde. Pourtant, en plus de un siècle, la rumeur de la faim, de la maladie et de la mort, qui sont le quotidien de ce grand pays, n'était pas parvenue jusqu'à Doha. Toujours est-il que « c'est récemment, en découvrant, à l'occasion d'un reportage d'Al-Jazira, les drames vécus dans toute cette zone saharienne d'Afrique de l'Ouest » qu'Izeldin Elshiekh, coordinateur du Croissant-Rouge qatari, a pris connaissance de toute la misère de ce monde[1]. Dans l'urgence, les hommes de Sa Majesté l'émir auraient donc décidé de venir en aide à ces naufragés. Merci à Al-Jazira pour son effet Téléthon.

---

1. « Un reportage télévisé sur le Niger mobilise le Croissant-Rouge du Qatar », le 20 septembre 2005, site internet de la Fédération internationale des Sociétés de la Croix-Rouge et du Croissant-Rouge.

La réalité est bien différente. Qatar Charity, la jumelle du Croissant-Rouge, est installée au Niger depuis 2008. Sans avoir besoin de la télé pour l'émouvoir, le généreux Izeldin Elshiekh connaissait donc parfaitement la situation de cette région du monde. Qatar Charity, à Doha dans les mêmes bureaux que le Croissant, vient en aide depuis trente-six mois aux Nigériennes de Tillabéri et de Dosso... Accès à des microcrédits respectant les principes de l'islam (donc réservés aux seuls musulmans), distribution de semences, de nourriture au moment de la « soudure » entre deux récoltes, cadeaux alimentaires au moment du « saint mois de ramadan », don d'animaux vivants pour le sacrifice de Tabàski : voilà donc l'œuvre de la très religieuse Qatar Charity au Niger. Doha est depuis longtemps informé de la misère sahélienne. Pis, contributeurs en voix dociles lors de tous les « forums » de Doha, les ministres nigériens sont des habitués du pays des pêcheurs de perles. Enfin, lors d'une visite du président du Niger dans l'émirat, le cheikh Al-Thani a évoqué la possibilité d'investir 300 millions de dollars dans l'agroalimentaire local. Et il y a bien longtemps que l'Organisation de la coopération islamique, implantée sur le continent depuis plus de vingt ans, a découvert le chemin de Doha et informé le monarque de l'existence du Sahel...

L'« investissement » dont a parlé le cheikh au président du Niger signifie, sous le masque d'une holding, la prise en main de milliers d'hectares de terres par Doha. L'ONG Swissaid décrypte crûment la réalité de cet investissement purement capitaliste : « C'est la dépossession des paysans. Cela pour l'éternité. La création d'une caste de paysans sans terre. » Et les Suisses de nous remettre à l'esprit les investissements semblables faits par le Qatar au Cambodge, en Thaïlande, au Soudan, en Indonésie, au Pakistan, au Tadjikistan, en Turquie, au Vietnam et au Kenya, « en utilisant, dès que c'est possible, la solidarité islamique ». Des hectares « *haram* » australiens et argentins sont ainsi venus grossir la dote d'Al-Thani. Mais alors, pourquoi cet intérêt massif et urgent pour ces pays de sable chaud ?

Il est la suite logique de l'assassinat de Kadhafi : l'émir prenant la place du Guide, il doit continuer de faire vivre les réseaux tissés par le maître libyen dans toute l'Afrique. Encore une fois, Al-Thani n'a pas découvert le Niger et le Mali en regardant la télévision. Il en a trouvé les clés sur le linceul de Kadhafi. En 2008, après la libération des infirmières bulgares, le colonel a lui-même entrouvert un peu plus les portes de l'Afrique à son ami le roi. Tripoli et Doha faisaient alors gâchette et parfois tirelire communes. Sarkozy, perspicace, trouvait cet accord parfait, d'autant que Kadhafi contrôlait la majeure partie du flot d'immigrés africains en marche vers l'Europe.

Au Niger, considéré par Tripoli comme l'une de ses arrière-cours, un coopérant en poste à Niamey depuis deux ans et en contact régulier avec les ONG reste « baba » de ce qu'il voit : « Un mois après la mort de Kadhafi, nous avons été très étonnés de voir des Qataris débarquer en masse ici, avec beaucoup d'argent et de projets. En fait, on ne voit guère les patrons du Croissant-Rouge ou de Qatar Charity, qui sont les seuls Qataris, ils délèguent leur pouvoir, essentiellement à des Tunisiens. [...] Au nom de Doha, ils rencontrent la presse et le pouvoir local, qui se trouve enchanté de cette coopération qui bouscule toutes les règles. Des listes impressionnantes sont dressées pour la "remise sur pied" du pays. On parle électricité, hydraulique, téléphone, routes, éducation et santé. Dans les journaux des appels d'offres paraissent dont on ne sait pas ce qu'ils recouvrent vraiment. D'aucuns ont trait à des investissements au Nord-Mali. Cet intérêt subit semble à la fois follement généreux et totalement étrange. Pour l'instant, en dépit du temps déjà passé, on ne voit pas grand-chose changer »... Peut-être faut-il encore attendre. Et espérer ?

Si l'expatrié a une lecture optimiste de l'histoire, ce n'est pas le cas de cet homme d'affaires nigérien : « Ces appels d'offres à la pelle, ces projets par paquets, ne sont que du vent venu du désert. Des couvertures, bien mal tissées, destinées à cacher, à justifier des sorties d'argent dévolues à des gens peu recommandables. Ce qu'ils en font ? Ce que je peux dire, c'est que ce n'est pas du développement... »

Pourquoi cette prudence ? La réponse est simple : cette région du monde est sous la loupe de tous les services de renseignement de l'Occident, et sous le microscope de l'Algérie voisine.

Celui qui verse directement des fonds à une organisation fondamentaliste risque d'être dénoncé comme « complice du terrorisme ». Le flot de dollars doit circuler avec discrétion et toujours couvert par l'excuse de la charité, la *zakât* musulmane. Ainsi, avant le 11-Septembre, de riches Saoudiens avaient donné l'aumône à un saint homme nommé Ben Laden. Est-ce un hasard si l'émir de Boko-Haram, la secte de fous de Dieu établie au Nigeria, a fait de Dosso une base arrière, une ville du Niger si pieusement tenue par Qatar Charity[1] ?

Une certitude, l'islam est l'alpha et l'oméga de tout projet. Dans l'inventaire des bienfaits promis, les missionnaires de Qatar Charity ou du Croissant-Rouge citent la construction d'une mosquée avant celle d'un dispensaire. Contentons-nous de ce communiqué, publié à Niamey : « Le Qatar Charity Center qui a coûté 600 000 QAR va bénéficier à un millier de personnes à Lazare, un quartier de Niamey. La mosquée de trois cents mètres carrés, avec deux minarets, peut recevoir six cents fidèles avec le nécessaire pour les bains et ablutions. » Viennent ensuite l'école élémentaire (islamique), les logements pour les plus pauvres et la prise en charge de 251 orphelins... On comprend la passion nouvelle du Qatar pour la langue française et le *lobbying* surprenant qui a permis à Doha de devenir membre de la Francophonie.

---

1. Terrible coïncidence pour la France, cette secte Boko Haram a revendiqué l'enlèvement de la famille Moulin-Fournier, trois adultes et quatre enfants faits prisonniers le 19 février 2013 dans le nord du Cameroun.

Dans tous les pays d'Afrique de l'Ouest où l'émir a l'intention d'établir son empire, Doha pourra enseigner l'islam en français. Et, en passant, pourquoi ne pas s'associer à un projet d'exploitation pétrolière, comme celui du bassin de Taoudéni (1,5 million de km²), une poche prometteuse qui se cache sous le désert entre Niger et Mali ?

C'est au début du mois de juillet 2012 que les bataillons de la charité *made in Doha* font un saut de puce du Niger vers le Mali. Le nord de ce pays magnifique mais maudit est hanté par des hordes de jihadistes, à la fois salafistes et trafiquants de drogue, de voitures volées ou d'essence. Réfugiés dans le désert, on trouve les intégristes radicaux défaits en Algérie, mais aussi des guerriers mondialisés venus du Yémen, de Somalie, du Soudan, d'Afghanistan, du Pakistan, d'Irak, du Tchad, du Niger ou de Tunisie. Mais la plus forte cohorte est constituée des ex-gardiens de Kadhafi. Des mercenaires, souvent touaregs, gorans ou toubous, longtemps payés par le colonel pour tenir le sud de la Libye, en accord avec le Qatar et « lourdement armés ». En s'installant au Nord-Mali, ces bandes ont pris la place et défait les différentes entités touaregs, elles-mêmes en rébellion contre le pouvoir « noir » de Bamako, la capitale. Tout cela faisant de ce désert en forme de bombe un lieu dont la géopolitique est aussi complexe qu'effrayante.

Donc, en juillet 2012, les guérilleros du Mujao (Mouvement unifié pour le jihad en Afrique de l'Ouest) ont chassé depuis trois mois les Touaregs de Gao, ville du fleuve Niger et « porte du désert ». Puis les miliciens islamistes ont placé leurs marques, pris aussi des diplomates algériens en otages, occupé les bâtiments officiels et exigé le voile pour les femmes et le pantacourt pour les hommes qui doivent religieusement dévoiler leurs chevilles. Ces gardiens de la *charia* ont commencé à amputer deux « voleurs » sur un groupe de huit condamnés à la même peine. Hélas, la cadence a été ralentie par un imprévu : les chirurgiens de Goa, nécessaires pour assurer les suites médicales de ces amputations au couteau, n'étaient pas disponibles ou volontaires...

C'est dans ce contexte que les citoyens de Gao, ceux qui n'ont pas les moyens de fuir le tsunami salafiste, ont découvert l'arrivée de grands bienfaiteurs : trois agents du Croissant-Rouge du Qatar. Peu bavards, et décalés dans cette région où il est utile de parler français, les missionnaires venus avec des ambulances depuis Niamey ont expliqué à quelques citoyens qu'ils étaient là « pour évaluer les besoins avant de revenir »... Pour établir leur état des lieux, les sauveurs étaient accompagnés de gardes du corps attentionnés : les jihadistes du Mujao.

À Gao, un élu local se dit très « surpris par la proximité qu'il a constatée entre les Qataris et les chefs des envahisseurs. J'ai vu qu'il y avait une bonne entente. [...] Quand j'ai demandé au Croissant-Rouge d'intervenir sur le plan humanitaire à Ménaka, ils m'ont répondu que ce n'était pas possible puisque le Mujao n'était pas présent dans ce secteur. Visiblement, ces gens venus du Qatar étaient là pour fonctionner en duo avec le Mujao… » Notons au passage le discret mais remarquable travail du réseau des correspondants de Radio France Internationale. Comme des fourmis, ils ont accumulé des détails sur ces « terroristes » que Hollande va bientôt combattre. Mais, à l'Élysée, qui écoute RFI ?

Les petits soldats jihadistes ont beau croire en Dieu, en cas de blessure ou de maladie, ils se tournent volontiers vers la médecine des hommes. Ainsi, avec des liasses d'argent, le Croissant-Rouge s'offre l'hôpital de Gao où les miliciens du Mujao n'ont pas besoin de faire la queue pour être soignés. Pour élargir le champ opératoire et gagner le cœur des foules, on fait même revenir des gynécologues et des pédiatres ayant fui vers Bamako. Le Croissant offre 300 000 CFA pour un généraliste, et 600 000 pour un spécialiste, là où la Croix-Rouge ou Médecins du monde ne peuvent donner que de 20 000 à 150 000 CFA au maximum. Dans les jours qui suivent le raid « humanitaire » des Qataris, on voit les miliciens se tapisser d'uniformes neufs. Abou « Qoumqoum », le gangster qui règne sur le Mujao, a subitement « beaucoup d'argent », disent les témoins, et il recrute tous les jeunes qui le veulent et qui « gagnent alors en un mois autant d'argent que ce qu'ils ont reçu dans toute leur vie »…

Le choix des armes ne semble pas poser de problème, elles sont neuves et nombreuses. La majorité d'entre elles provient de Libye[1]. Des armes achetées

---

1. L'opération Serval conduite par la France au Mali a permis à la DGSE d'identifier les armes laissées par les jihadistes. Elles proviennent pour la plupart de Libye, en particulier celles détenues par le Mujao.

à la France par le Qatar, livrées au pays du colonel, mais restées en surnombre à la fin de la guerre. Sur les ports de Benghazi et de Tripoli les alliés du Qatar ont tenu et tiennent parfois encore les entrepôts de ces armes payées avec l'argent de Doha. Mais il semble que les portes aient si mal fermé que le stock a disparu. Tout n'est pas perdu puisqu'une partie est ici, au Sahel. Et que les Algériens ont déjà récupéré des armes venues des arsenaux de Kadhafi à In Amenas, le site pétrolier attaqué en janvier 2013 par des jihadistes preneurs d'otages. Et l'armée algérienne, qui connaît toutes les ficelles de ces nouveaux « rats du désert », stoppe régulièrement des transports d'armes entre dunes et montagnes, parfois même hors de leurs frontières. Ainsi, en septembre 2012 : trente-huit Katioucha, un système qui a fait ses preuves sous le nom « d'orgues de Staline », et surtout des missiles russes Strela d'une portée de vingt kilomètres et qui permettent à un simple piéton de descendre un avion militaire ou à plus forte raison civil. Deux mois après la mort de Kadhafi, le général Mohamed Adia, chargé de l'armement au sein du Conseil national de transition, manifestait une certaine angoisse sur le caractère volatil de l'arsenal libyen : « Sur les vingt mille missiles Sam-7 acheté à la Russie par le colonel, cinq mille sont toujours portés manquants. »

À l'automne 2011, la DCRI, le service de sécurité intérieur français, sous la direction de Bernard Squarcini, un proche de l'Élysée, signait lucidement une note accablante pour la politique de

Sarkozy : « Au-delà de ses exactions contre sa propre population, le colonel Kadhafi avait su se rendre indispensable auprès des Algériens et des Français dans leur lutte délicate contre la mouvance d'al-Qaida au maghreb islamique (Aqmi). Le chef d'État libyen arrosait généreusement les tribus touaregs, contrôlait discrètement les groupuscules extrémistes et enfin faisait vivre huit cent mille travailleurs émigrés africains, aujourd'hui au chômage et dont les revenus, assurés par Tripoli, participaient à l'équilibre économique et à la stabilité de l'ensemble de la région. L'écroulement du régime a provoqué la déstabilisation de l'ensemble du Sahel. » Les agents de la DCRI évoquent « les bénéfices potentiels, pour Aqmi-Sud, de la révolution libyenne […]. La principale inquiétude concerne la disparition des arsenaux libyens de centaines de missiles SA7 et leur utilisation future… »

Avec l'essence qui coule à pleines citernes grâce aux « trabendistes », les contrebandiers venus d'Algérie, la logistique ne semble pas être un problème pour les guerriers. Mieux encore, le 6 avril 2012, le quotidien malien *L'Indépendant* a affirmé « qu'au lendemain de l'enlèvement des diplomates algériens par le Mujao à Gao, un avion-cargo envoyé par le Qatar s'est posé sur l'aéroport de cette ville avec des armes et de l'argent à son bord ». Toujours selon ce journal, « une opération semblable aurait eu lieu le 10 mars précédent à Tessalit »… Alors porte-parole du Qatar, la DGSE a démenti que Doha ait commis un pareil forfait.

Reçu à Paris, par Son Excellence l'ambassadeur du Qatar, le vénérable Maïga, un Malien membre d'une « commission des sages », indigné par ces informations, est venu demander des éclaircissements sur « l'aide apportées aux jihadistes par Doha ». Il va entendre cette réponse : « Le Qatar n'aide pas les terroristes. Mais nous ne sommes pas en mesure de contrôler si de riches Qataris pratiquent la *zakât* », la charité islamique. C'est dommage.

L'affaire est si brûlante que le président du Mali se rend à Doha pour demander à l'émir le sens de son drôle de jeu. Les délégués de la Croix-Rouge malienne font eux aussi le voyage pour obtenir des explications : « Comment pouvez-vous intervenir dans un pays souverain, le Mali, sans avertir ni le gouvernement, ni nous-mêmes, collègues d'ONG ? » Les Maliens ne recevront pas de réponse convaincante. Et un projet de collaboration du Croissant et de la Croix reste lettre morte.

Un autre problème se pose pour François Hollande qui, en octobre 2012, entame un bras de fer avec les jihadistes du désert, auxquels il annonce « sa grande détermination à tenir la ligne fixée par la France » sur la lutte contre le terrorisme au Nord-Mali. « C'est ainsi que nous pouvons convaincre les ravisseurs qu'il est temps, maintenant, de libérer nos otages », déclare-t-il lors d'une conférence de presse donnée à Kinshasa. Dans sa volonté de terroriser les terroristes, de les « détruire », le président de la République se livre à un grand écart : Comment vouloir éradiquer les jihadistes tout en recevant le Qatar, l'un de leurs sponsors, sous les ors de l'Élysée ?

Le 20 décembre, en voyage officiel à Alger, au cours d'un discours habile, le président de la République évite d'évoquer deux problèmes qui fâchent les descendants d'Abd el-Kader : la Syrie et le Mali. Un conseiller a subrepticement supprimé du discours les trois phrases prévues sur Damas. La situation au Mali a été réservée au tête-à-tête entre Hollande et Bouteflika. Après que le Français lui a fait part de son intention d'engager la « guerre contre le terrorisme », le vieux *fedayin* du FLN lui a répondu : « Faites ce que vous voulez puisqu'on ne peut pas vous en empêcher... »

Un mois avant le déclenchement de l'opération Serval dans le Sahel, personne dans le monde politique français ne met en doute l'innocence du Qatar au Nord-Mali, à l'exception, par exemple, de la sénatrice communiste Michelle Demessine. Laquelle pose une question à Laurent Fabius : « Qui finance certains groupes d'action au Nord-Mali, si ce n'est le Qatar ? Doit-on se voiler la face ? » Fabius répond : « Je n'ai aucune confirmation. » Ce qui est un progrès sémantique comparé à l'affirmation de François Hollande, quelques jours avant le début de la guerre africaine : « Il n'y a rien à cacher... »

Les premiers missiles français sont à peine tirés contre les jihadistes des sables que HBJ, Premier ministre et ministre des Affaires étrangères du Qatar, est contraint d'indiquer où sont ses vrais amis... Kalachnikov à la main, ils sont dans les

dunes du Sahara. Le fast-Machiavel déclare :
« Bien sûr, nous espérons que ce problème puisse
être réglé par le dialogue. Je pense que le dialogue
politique est important et nécessaire. Je ne pense
pas que la force réglera le problème. » Toujours
prêt à rendre service, HBJ fait des offres : « Si
quelqu'un demande notre aide... nous ferons partie de la solution, mais nous ne serons pas les seuls
médiateurs. » Doha serait prêt à discuter au nom
des fous de Dieu ?

Lié à son ami l'émir dans la construction du
nouveau destin de la Syrie, mais ne voyant pas
venir la tragédie malienne, ignorant que la politique étrangère fonctionne selon la théorie des
dominos et qu'on ne fait pas tomber des pays
comme l'Irak, la Libye ou la Syrie sans engendrer
des catastrophes, François Hollande a laissé se
tenir à Doha une grand-messe un peu grotesque.
Le challenge était d'unir en un seul bloc toutes les
tendances de l'opposition syrienne. À force de
patience et de promesses, un comité qui se veut le
syncrétisme de la « Syrie démocratique de
demain » a vu le jour. Avec, à sa tête, l'homme qui
colle parfaitement aux desseins de Doha : l'ancien
imam de la mosquée des Omeyyades[1]. Un intellectuel connu pour avoir écrit un remarquable
traité sur la masturbation. À peine oint par le roi
Al-Thani, le président de la nouvelle coalition, le
cheikh Ahmad Moaz Al-Khatib, s'est précipité dans

---

1. Le 27 mars 2013, l'imam Ahmad Moaz Al-Khatib, en dépit de sa doci-
lité, a fini par dénoncer la pression mise par Doha sur ses épaules.

le bureau du président français pour y prendre des consignes.

Au début du printemps syrien, la communauté internationale a fermé les yeux sur ces bateaux remplis d'armes, chargés aux entrepôts qataris de Tripoli, et voguant vers le Liban pour une livraison finale en Syrie. Le trafic devient si intense que le Mossad s'en inquiète et signale l'un de ces vaisseaux fantômes à la Finul et à l'armée libanaise. Le 27 avril 2012, le *Lutfallah II* est stoppé en mer, avec dans ses soutes des tonnes de fusils d'assaut, Kalachnikov et M16. Cet arraisonnement est un signal qui signifie à Doha de revenir à plus de modestie et de discrétion dans son soutien aux rebelles, tout au moins aux plus jihadistes d'entre eux. Non content de fournir les révoltés en fusils, le Qatar les dote aussi d'efficaces conseillers, comme Abdelhakim Belhaj, cet ancien d'al-Qaida que nous avons vu à l'assaut de Tripoli dont il est devenu « gouverneur », et « Sam », une barbouze anglo-libyenne.

En Syrie, la révolte est si profonde et si justifiée contre un demi-siècle de dictature, que l'on assiste aussi, et en parallèle, à une course entre le Qatar et l'Arabie saoudite[1], chacun soutenant son champion en jihad. Après l'invasion du Mali par les fous de Dieu, la France semble ouvrir les yeux. Le

---

1. L'Arabie saoudite n'est pas absente du conflit. Fin mars 2013, sur des vidéos filmées par les rebelles, on voit des armes achetées par Riyad en Croatie entre les mains des plus farouches jihadistes, classés « terroristes » par Washington.

28 janvier 2013, dans un discours adressé à la Coalition nationale syrienne, Laurent Fabius prend un virage qui semble clair. Le ministre insiste sur l'avènement d'une Syrie « pluraliste » et éprise de « liberté », puis il jette : « Face à l'écroulement de l'État et d'une société, ce sont les groupes extrémistes qui risquent de gagner du terrain. Nous ne devons pas laisser une révolte qui avait démarré comme une contestation pacifique et démocratique dégénérer en un affrontement de milices... » François Hollande[1], s'il entendait se maintenir dans sa posture initiale, celle d'un guerrier prêt à bombarder Damas, serait alors obligé de se ménager ces fous de Dieu, frères de ceux qu'il a combattus au Sahel... Bachar el-Assad, toujours cynique, n'a-t-il pas déclaré « soutenir le juste combat de la France au Mali contre le terrorisme » ?...

---

1. Poursuivant une politique de la balançoire, après avoir relancé avec la Grande-Bretagne l'idée d'une aide armée aux rebelles au début de mars 2013, François Hollande va mettre un pied sur le frein quelques jours plus tard : « Il faut maîtriser la destination de l'armement », autrement dit éviter que les fusils ne tombent aux mains des jihadistes.

CHAPITRE 15

Paris-Doha, je t'aime moi non plus

Après l'élection de François Hollande à la présidence de la République, l'heure est officiellement au « rééquilibrage ». Durant le règne de Nicolas Sarkozy, le Qatar a bénéficié du privilège du meilleur ami, donc de tous les passe-droits. Désormais, les relations de la France avec l'émirat retrouvent un cours plus normal. Très peu de ministres se rendent à Doha. Première claque pour le roi Al-Thani : le 4 novembre 2012, pour son premier voyage au Moyen-Orient, le nouveau président choisit de se rendre en visite chez l'ennemi voisin, l'Arabie saoudite. Deuxième affront, en janvier 2013, quand le même Hollande s'en va aux Émirats arabes unis et à Dubai, sans faire un petit crochet de l'amitié par Doha. Entre les Émiratis et les Qataris, qui appartiennent pourtant souvent aux mêmes clans familiaux, la jalousie est profonde. « On sent chez Hollande un soupçon de désengagement vis-à-vis du Qatar », explique un diplomate qui a rédigé des notes pour le futur chef de l'État pendant la campagne présidentielle. « Hollande souffre du syndrome Sarkozy, poursuit le même observateur. Chaque fois que l'émir Al-Thani ou le Premier ministre disent quelque chose, il se demande si le mari de Carla n'est pas caché derrière eux comme un souffleur... »

Pour autant, ce nouveau cours de la diplomatie française ne fait pas du Qatar un ennemi. Le président n'insulte jamais l'avenir. Ainsi, durant la campagne présidentielle, François Hollande soigne ses relations avec les Qataris. Fin décembre 2011, Manuel Valls, porte-parole du candidat, partage un café avec l'ambassadeur qatari à l'hôtel Royal Monceau, un des nombreux biens immobiliers de l'émirat à Paris. « Cette rencontre est tout à fait naturelle », explique le futur ministre de l'Intérieur[1]. Ce qu'il ne dit pas, c'est qu'il prépare un rendez-vous discret entre son patron Hollande et le Premier ministre HBJ. Tête-à-tête qui aura lieu en janvier 2012.

D'ailleurs, comment le candidat socialiste pourrait-il en vouloir aux Qataris ? Le petit émirat a sauvé cinq cents emplois dans sa chère Corrèze. La maroquinerie Le Tanneur, située à Bort-les-Orgues, a été rachetée par le Qatar Luxury Group, présidé par la cheikha Moza. Début 2011, sachant son entreprise en difficulté, le patron de l'usine passe un coup de fil à l'élé-

---

1. Entretien au téléphone avec un des auteurs, alors journaliste à *Marianne*.

phant du PS afin de le prévenir de la transaction en cours. « Pas de souci, répond Hollande, je connais très bien l'ambassadeur du Qatar, vous pouvez y aller. » Dans la foulée, le président de la Corrèze fait voter des crédits de formation pour les salariés du Tanneur. En homme bien élevé, lors de sa première grande intervention télévisée, en janvier 2012, le candidat Hollande tient à saluer « les investissements qataris en Corrèze ». À peine élu président, alors qu'il se rend au G8 à Washington, sa compagne, Valérie Trierweiler offre à Michelle Obama un cabas violet, siglé Le Tanneur. En un week-end, grâce à cette promotion, le chiffre des ventes de ce sac va exploser. Après l'élection, les Qataris sont toujours les bienvenus dans le sérail du gouvernement français. Dès le 7 juin 2012, HBJ est reçu à l'Élysée. Au mois d'août, l'émir s'entretient à Paris avec Hollande sur la situation en Syrie. L'indéfectible ami Sarkozy n'est plus chargé des affaires mais le Qatar continue d'être un interlocuteur, mieux, un partenaire incontournable.

Alors que la France entre dans une crise profonde, recevoir de l'argent du Golfe en général et du Qatar en particulier, ce n'est pas de refus. Amorcé sous Nicolas Sarkozy de façon calamiteuse, le « fonds banlieues » est recadré après l'arrivée de la gauche. Les Qataris sont même confortés dans leur initiative, pourtant jugée par certains, comme BHL, « humiliante pour la France ». En septembre 2012, une rencontre entre Arnaud Montebourg, le ministre du Redressement industriel, qui a fait un saut à

Doha quelques mois auparavant, et HBJ permet de trouver les bases d'un accord. Le projet est transformé. Désormais, les fonds de Doha sont destinés à des PME ayant un « fort potentiel de croissance ». Oubliées, les banlieues ! Adieu, les élus « de la diversité » et les pèlerins de Doha ! Gonflé, le « fonds » envisagé est maintenant de 300 millions d'euros. Les Qataris mettent au pot la moitié, la Caisse des dépôts l'autre. Avec ce partenaire, l'émir est en terrain connu. Le gouvernement socialiste a confié le bébé à un chiraquien absolu, Laurent Vigier, le directeur des affaires européennes et internationales de la Caisse et fin connaisseur des fonds souverains. Lorsqu'il était conseiller de Chirac pour les affaires européennes, ce brillant énarque était associé aux rencontres du président de la République, y compris au Qatar.

Dans un entretien donné à l'AFP le mercredi 24 octobre 2012, l'omniprésent ambassadeur à Paris se dit prêt à mettre « 10 milliards d'euros supplémentaires » au service des industries françaises. Soit l'équivalent des fonds déjà investis par Doha dans le CAC 40 et l'immobilier en France. L'Excellence ajoute, modeste : « Le Qatar, comme d'autres pays, investit depuis longtemps en France ; et n'est pas le plus gros investisseur. » Dans le point de presse qui suit la tonitruante annonce, l'ambassadeur du Qatar, un peu agacé par une question moins douce que d'habitude, s'énerve en répliquant : « C'est quoi le problème ? »

Durant l'été 2012, l'Élysée veut toujours ménager Doha. Un indicateur quand, au mois d'août, le cabinet de Christiane Taubira, ministre de la Justice, prévoit d'annuler les quatre postes de « magistrats détachés », accordés par Sarkozy au Qatar. Il se trouve que la chancellerie a décidé de stopper cette folie et de rappeler les juges expatriés (dont un ex-conseiller de Rachida Dati placé dans le giron de son ami le procureur général). Immédiatement, l'ambassadeur entame son lamento. Enfin l'ambassadeur de France au Qatar, nommé sous Sarkozy, se déplace à la Justice pour plaider la cause de l'émir. Malgré les pressions, Taubira rappelle trois des quatre expatriés.

Dans la coulisse, le clan de Doha ne reste pas inactif... Sur les nouvelles stars du gouvernement les invitations pleuvent. En août 2012, on retrouve Manuel Valls au Parc des Princes, où il assiste à un match entre Barcelone, la ville d'où il est originaire, et le PSG. Nasser Al-Khelaifi, le sémillant patron du club, le reçoit gentiment dans sa loge. Même ambiance la veille où l'ambassadeur et le ministre ont passé du temps à Évry, dont Valls est l'ancien député-maire.

Le dimanche 7 octobre 2012, cette fois sur l'hippodrome de Longchamp, le prix de l'Arc de Triomphe, subventionné par le prince Abdallah, le frère de l'émir, réunit autour de l'ambassadeur, Mohamed Jaham Al-Kuwari, Martin Bouygues, qui a obtenu un milliard de dollars de chantiers à Doha, Jérôme Cahuzac, qui est encore le tranchant ministre socialiste du Budget, mais aussi Éric Woerth, l'ancien ministre de Nicolas

Sarkozy et, comme on le sait, spécialiste des hippodromes. L'art de réunir du beau linge est aussi un hasard qui peut être fécond, le frère de Jérôme Cahuzac connaît le poids du Qatar puisqu'il dirigea longtemps la branche française de HSBC, la banque-conseil du fonds souverain de Doha.

Plus choquante, l'offensive de charme dirigée vers un homme il est vrai parfois cavalier, maître Jean-Pierre Mignard. Cet intime de Hollande, dont il fut le conseil, est recruté comme avocat par l'ambassade. Ce militant socialiste avait même été à deux doigts d'être nommé ministre de la Justice. Le retour sur investissement ne s'est pas fait attendre. « Le Qatar, déclare l'avocat, avait un amour immodéré pour la France. Ne laissons pas les tout petits comportements hexagonaux islamophobes et xénophobes tout gâcher. » Le précieux Mignard va bientôt faire savoir qu'au nom de l'ambassade il ne s'occupera que de problèmes liés à l'art et la culture.

Ce subtil équilibre, qui consiste à prendre ses distances sans rompre ni froisser, est bien dans la manière de François Hollande. Mais trois événements viennent chahuter cette diplomatie : l'entrée à coups de bélier du Qatar au sein de la Francophonie, l'affront fait à la France par Doha qui sabote le fonctionnement du lycée français Voltaire, enfin l'aide « humanitaire » apportée par l'émir à ces jihadistes que la France combat au Mali.

Au Sommet de la francophonie, cette grand-messe de la langue de bois qui se tient à Kinshasa, en octobre 2012, il est prévu que l'émirat sera admis comme « observateur » au sein de l'Organisation internationale de la francophonie (OIF). À la surprise générale, le Qatar saute une étape, pourtant obligatoire, pour être nommé directement « membre associé ». Parti pour la République démocratique du Congo, Laurent Fabius n'a rien vu venir, encore moins sa secrétaire d'État à la Francophonie, Yamina Benguigui. Par le coup de fil d'un ami, Fabius n'apprend l'étonnante nouvelle qu'à son retour à Paris. « Sachez, dit-il aux membres de son cabinet, que je suis aussi ministre de la Francophonie et qu'à ce titre j'aurais dû être prévenu, en amont, de cette opération… » Le Qatar, pays non francophone, bien décidé à s'imposer au Maghreb et en Afrique par la langue, a choisi la francophonie comme marchepied. Et ne s'en cache pas. Dans une tribune parue dans *Le Monde*, l'ambassadeur à Paris explique vouloir « aider à la sauvegarde et à l'expansion de la langue de Molière ».

Pour convaincre les membres de la Francophonie de voter pour lui, le Qatar, outre la promesse des investissements habituels, a avancé son expérience en matière d'enseignement de la langue de Flaubert dans les deux lycées de Doha, Bonaparte et Voltaire. Vu le traitement imposé à ces établissements, l'argumentation est une imposture. Nous avons déjà évoqué la situation du lycée Voltaire, son feuilleton va reprendre et les intérêts de la France seront cette fois piétinés.

Mais en silence puisque ni le ministre des Affaires étrangères ni le moindre « sherpa » n'ont protesté contre la gifle. En septembre 2012, au lycée Voltaire, la rentrée s'annonçait pourtant sous de bons augures, un nouveau proviseur au salaire mirobolant ayant été adoubé par le procureur général. Las, il ne fait pas plus l'affaire. Pris d'un sursaut de dignité, il s'oppose au licenciement brutal de plusieurs employées. Pour abattre cet homme, on ne recule devant rien. Et surtout pas l'ignominie. Sans un lambeau de preuve, on l'accuse de pédophilie. Tout cela parce qu'une photo le montre tenant le licou d'un chameau alors qu'un gosse est grimpé dessus. Le 3 novembre 2012, le « pédophile » est expulsé et la presse de Doha reprend la vieille antienne d'une « non-conformité des programmes aux préceptes de l'islam ». Le procureur général convoque maintenant le directeur de l'école primaire ; entend faire de lui le proviseur introuvable. Le mérite de cet *outsider* : être le beau-frère de Lionel Barféty, ancien membre du cabinet de Rachida Dati, l'un de ces magistrats détachés par la droite au Qatar. Face à ce putsch, le Quai d'Orsay ne bronche pas. C'est Vincent Peillon qui se fâche. Exige que, pour la rentrée de janvier 2013, la France choisisse elle-même le nouveau patron.

Une certitude, l'ambassadeur tricolore – qui n'avait pas brillé dans un précédent poste en Iran où un de ses fonctionnaires s'était rendu coupable de trafic de visas – n'a pas volé au secours de ces proviseurs mis sur le grill. Dans un télégramme diplomatique, l'Excellence évoque même « la gestion approximative de MLF », affirmation aussi fausse que traîtresse. Pis, cet ambassadeur et son complice, le magistrat détaché Barféty, montent un complot qui aboutit à une plainte contre la MLF pour sa gestion, le tout devant le tribunal de grande instance de Paris. La Mission laïque française et son président, Yves Aubin de La Messuzière, un diplomate en retraite dont la carrière mérite une statue, sont au banc des accusés. « Dans cette affaire, constate ce dernier, la diplomatie française ne nous a pas protégés. [...] Le manque de courage politique nous a empêchés d'avoir un dialogue direct et franc avec les autorités du Qatar. » Conclusion de cet arabisant qui a tenu les postes les plus lourds au Quai d'Orsay : « L'amour immodéré manifesté par la France à l'encontre du Qatar est une vision à très court terme. »

Le vrai poison, venu des sables du Mali et qui risque peu à peu de s'instiller dans les relations entre Paris et Doha, trouve sa source dans l'intervention française lancée en janvier 2013. Première étape de la croyance, l'Élysée refuse d'admettre que l'ami qatari puisse, épousant ainsi la cause des jihadistes du Mujao, faire la charité à Gao et ailleurs. Hélas, sous la signature de Claude Angeli, *Le Canard enchaîné*, chaque semaine, égraine des informations qui confirment ce triste double jeu. Colère de l'émir, il expédie son ambassadeur au Quai d'Orsay où on le surnomme « Pater dolorosa ». Diffamation, hurle l'Excellence. Aux Affaires étrangères, une administration qui n'a pas bougé depuis le règne de Nicolas Sarkozy, on explique sur le ton qu'on réserve aux grands malades qu'en France il est encore difficile de censurer un journal. Mais les larmes de l'ambassadeur continuent de couler. On alerte donc l'Élysée. Au Palais, on trouve la solution : « Nous allons demander à la DGSE de laver la réputation du Qatar »… Et ça marche. Transformée en attachée de presse de Doha, la DGSE demande à Georges Malbrunot, un ami journaliste, de publier un message : « La DGSE dément avoir jamais découvert le moindre indice mettant en cause le Qatar dans le financement des jihadistes au Nord-Mali. » Ouf ! l'amitié franco-qatarie résiste aux méchantes rumeurs.

Regardons après l'opération militaire baptisée Serval les réactions du Qatar à cette offensive au Mali. Le 17 janvier 2013, le cheikh Youssef Qaradawi, l'imam à *fatwas*, juge sur Al-Jazira « que l'entrée en guerre des Français est précipitée ». Et le Premier ministre HBJ est, nous l'avons dit, lui aussi dans ses petites chaussures : « Je ne pense pas que la force réglera le problème. » Nous sentons là comme du dépit. Bien évidemment puisque Doha vient de subir un revers stratégique. Avant que Hollande ne s'énerve contre « les terroristes », l'émir et son clan avaient un agenda très précis que le premier des Français a mis par terre. Dans leur désert, les troupes de fous de Dieu devaient tenir le coup pendant encore six mois. Ce cap atteint, Doha se croyait alors capable d'engager une négociation internationale dans laquelle, forcément, les jihadistes obtiendraient un lot de consolation, au moins une forme de reconnaissance.

Manque de chance, au moment de la déconfiture des jihadistes, lors d'une réunion de responsables de services spéciaux réunis pour travailler sur le cyberterrorisme, des agents allemands faisaient connaître à leurs amis français une bien pénible nouvelle : « Deux heures avant le débarquement de vos troupes à Gao, deux avions Hercules qataris ont quitté l'aéroport de la ville avec du matériel militaire, un hôpital de campagne et un groupe d'hommes. Les avions se sont alors dirigés vers le sud de la Libye. » Si on ne peut plus faire confiance aux alliés…

Sur le sujet, Hollande sent qu'il a les pieds qui chauffent. Le 16 janvier, c'est le ministre de la Défense, Jean-Yves Le Drian, qui admet que, « peut-être, des groupes », en Arabie saoudite et au Qatar, pourraient financer le jihad en Afrique. Provocateur ou naïf, ce Breton s'en est allé aussi sec faire la quête, justement, en Arabie saoudite et au Qatar puisque les guerres d'aujourd'hui sont hors de prix. Avec l'espoir que ces monarques, dans leur extrême duplicité, aident la France contre les terroristes de leur main gauche alors que leur main droite investit des millions de dollars dans le jihad. Aucun observateur et politologue spécialisés sur le Moyen-Orient n'a fait la remarque suivante : c'est au moment où Le Drian se trouve à Doha pour y faire la quête que des jihadistes du Mujao, donc des protégés du Qatar, se lancent dans des attaques suicide à Gao.

Voilà que le Qatar – qui inquiète même ses amis – arrive au bout de ses contradictions.

Devrait-on maintenant assister à la dislocation de « l'Empire », méchant surnom donné par les Saoudiens au Qatar ? Sans doute pas, mais ce tout petit État, dont le seul carburant est un sous-sol menacé par l'expansion du gaz de schiste[1], ne pourra plus prétendre jouer aussi brutalement les premiers rôles dans le devenir de notre planète.

---

1. L'exploitation massive du gaz de schiste aux États-Unis additionnée à sa production pétrolière devrait rendre ce pays indépendant en matière énergétique à partir de 2017. Ce changement radical devrait bouleverser le jeu des alliances entre la première puissance du monde et les pays producteurs de pétrole, notamment le Qatar, qui se tourne déjà vers l'Asie pour vendre sa production de gaz.

À QUAND LE « PRINTEMPS » À DOHA ?

Écrit par des hommes libres qui aiment et respectent le monde arabe et musulman – où ils enquêtent depuis des dizaines d'années –, cet ouvrage ne relève pas du « *Qatar bashing* ». Il n'a rien d'une critique injuste, gratuite comme une mode. Inventé par des communicants trop malins, ce concept est devenu un « élément de langage », le bouclier chargé de défendre un émirat à la vertu forcément outragée dès qu'elle n'est pas glorifiée. Avancer comme une sorte de secret défense le « *Qatar bashing* » évite de répondre aux questions posées par la politique schizophrène de l'émir Al-Thani. Sa parade est de faire croire que tout propos non laudateur tenu à son endroit est xénophobe. La réalité est différente. Si la classe politique française de gauche comme de droite a déroulé le tapis rouge sous les pieds de nos amis qataris, c'est au seul nom du réalisme. Et en fermant les yeux sur les droits de l'homme bafoués et un prosélytisme wahhabite harcelant.

Un exemple de parler vrai, mais « *off* » : l'été dernier, quelques instants avant de recevoir l'émir Al-Thani à l'Élysée, François Hollande interroge l'ambassadeur de France au Qatar, un diplomate nommé par Nicolas Sarkozy et donc totalement dévoué à la cause de l'émirat :

« Au fond, interroge le chef de l'État, que faut-il penser de ce pays ?

— Monsieur le Président, dans les prochaines années, il est susceptible d'investir une centaine de milliards d'euros en France.

— Dans ce cas, je comprends mieux dans quel état d'esprit il faut se tenir. »

En aucun cas notre enquête n'a cherché à mettre en cause le Qatar au prétexte qu'il est minuscule et musulman. Puisqu'il est installé avec succès sur la scène internationale, saluons le discours moderniste et démocratique de ceux qui le dirigent. Grâce à une communication habile, portée par les zéphyrs du « printemps arabe », Doha apparaît désormais comme le moteur des révolutions de la rive sud de la Méditerranée. Bouleversement qui, au premier regard, a pu apparaître comme une fin tant souhaitée du « malheur arabe », pour reprendre l'expression de Samir Kassir, le courageux journaliste libanais assassiné par le régime syrien. Mais, aujourd'hui, le compte n'y est pas. Et sachons dénoncer l'infinie duplicité d'un émirat autocratique et conservateur qui a réussi à vendre l'icône de la démocratie à ses alliés occidentaux. Coupées par l'émir Al-Thani, les fleurs de ces « printemps » sont fanées, et les Frères musulmans, couvés par Doha, sont maintenant aux commandes. Ne reste que le bonheur laissé par la chute des dictateurs.

Lorsque, au Mali, l'armée tricolore combat les groupes jihadistes, il faut que nos concitoyens sachent que ces bandits sont pour partie financés par le Qatar, via des réseaux prétendument « humanitaires ». Pendant ce temps-là, en France, des âmes vétilleuses sursautent à la moindre atteinte à la laïcité, refusant de voir que le terreau de l'intolérance est arrosé par les pétrodollars du Golfe, dont ceux du Qatar, via le financement de mosquées, de centres islamiques, de colloques ou de prédicateurs intégristes.

Dans une tribune publiée par le *Journal du dimanche* le 24 mars 2013, Mohamed Jaham Al-Kuwari, l'ambassadeur de l'émir à Paris, en adepte de la méthode Coué, enfonce ce clou du « *Qatar bashing* ». Avant d'avoir mal, il crie : « Le conspirationnisme [sic] bat son plein, assorti d'une xénophobie à peine voilée. Qu'on le veuille ou non, le *Qatar bashing* a des airs de "délit de faciès". » Nous voilà prévenus, écrire le « vilain petit Qatar », c'est sortir Drumont de sa tombe.

Dans sa philippique, l'ambassadeur du Qatar évoque aussi la nature de la religion prônée par son pays, « un islam d'ouverture, un "islam des Lumières", celui d'Averroès »... Là, l'ambassadeur se moque du monde. Injurie à la fois la philosophie des Lumières et Averroès, le prodigieux savant de l'islam andalou. Hélas, la vérité est têtue, la propagation du Coran sponsorisée par Doha n'est pas lumineuse mais tristement wahhabite, prônant la lecture la plus liberticide du Livre sacré. Sur Al-Jazira, il suffit d'écouter les prêches de l'imam Qaradawi, l'oracle du Qatar, pour avoir une idée de ce que Doha entend par « l'islam des Lumières ». Les prescriptions de ce fou de Dieu sont d'extirper les homosexuels de la société, de battre les femmes et de souhaiter qu'après l'Holocauste les musulmans « finissent enfin l'entreprise d'Hitler ».

L'ambassadeur Al-Kuwari devrait comprendre que si une critique du Qatar prend corps, c'est qu'il suffit de placer son pays sous la lumière du microscope pour le voir tel qu'il est : un État qui emprisonne un poète, Mohammed ibn Al-Ajami, condamné à quinze ans pour avoir brocardé l'émir.

TABLE

LE QATAR : UN AMI QUI NOUS VEUT DU MAL.............. 11

Première partie
Ce pays qui n'en est pas un

1. Pêcheurs de perles 17

2. L'omni-émir... 33

3. Portraits de famille 51

    HBJ, le pirate.. 52
    Tamim, la valeur montante 62
    La cheikha, icône de la modernité 65
    Un procureur raide comme la justice........ 72

4. La télé qui possédait un État........................ 77

5. Une si douce dictature..................................... 95

Deuxième partie
La diplomatie du chéquier

6. Du gaz… et des colloques 121

7. Touche pas à mon Qatar 139

8. À l'attaque du CAC 40 159

9. L'immobilier, cette boîte noire 179

10. OPA sur l'islam de France 191

11. Le sacre du ballon rond 215

Troisième partie
À la conquête du monde !

12. Caméra au poing 231

13. Allah, que la guerre est jolie ! 243

14. Tempêtes… de sable 259

15. Paris-Doha, je t'aime moi non plus 275

À quand le « printemps » à Doha ? 287

*Photocomposition Nord Compo
Villeneuve-d'Ascq*

Cet ouvrage a été imprimé par
CPI Firmin Didot à Mesnil-sur-l'Estrée
pour le compte des Éditions Fayard
en août 2013

Dépôt légal : août 2013
N° d'édition : 36-57 3514-1/05 – N° d'impression : 119267
Imprimé en France

   Pour l'éditeur, le principe est d'utiliser des papiers composés de fibres naturelles, renouvelables, recyclables et fabriquées à partir de bois issu de forêts qui adoptent un système d'aménagement durable.
   En outre, l'éditeur attend de ses fournisseurs de papier qu'ils s'inscrivent dans une démarche de certification environnementale reconnue.